CADEIAS DE SUPRIMENTOS

administração de processos logísticos

O selo **Dialógica** da Editora InterSaberes faz referência às publicações que privilegiam uma linguagem na qual o autor dialoga com o leitor por meio de recursos textuais e visuais, o que torna o conteúdo muito mais dinâmico. São livros que criam um ambiente de interação com o leitor – seu universo cultural, social e de elaboração de conhecimentos –, possibilitando um real processo de interlocução para que a comunicação se efetive.

CADEIAS DE SUPRIMENTOS

administração de processos logísticos

Léo Tadeu Robles

EDITORA
intersaberes

EDITORA intersaberes

Rua Clara Vendramin, 58 · Mossunguê
CEP 81200-170 · Curitiba · PR · Brasil
Fone: (41) 2106-4170
www.intersaberes.com
editora@editoraintersaberes.com.br

Conselho Editorial
Dr. Ivo José Both (presidente)
Dr.ª Elena Godoy
Dr. Nelson Luís Dias
Dr. Neri dos Santos
Dr. Ulf Gregor Baranow

Editora-Chefe
Lindsay Azambuja

Supervisora editorial
Ariadne Nunes Wenger

Analista editorial
Ariel Martins

Preparação de originais
EBM Edições

Capa
Luana Machado Amaro (design)
phipatbig/Shutterstock (imagens)

Projeto Gráfico
Cynthia Burmester do Amaral
Silvio Gabriel Spannenberg

Iconografia
Regina Claudia Cruz Prestes

EDITORA AFILIADA

1ª edição, 2016.
Foi feito o depósito legal.
Informamos que é de inteira responsabilidade do autor a emissão de conceitos.
Nenhuma parte desta publicação poderá ser reproduzida por qualquer meio ou forma sem a prévia autorização da Editora InterSaberes.
A violação dos direitos autorais é crime estabelecido na Lei n. 9.610/1998 e punido pelo art. 184 do Código Penal.

Dados Internacionais de Catalogação na Publicação (CIP)
(Câmara Brasileira do Livro, SP, Brasil)

Robles, Léo Tadeu
    Cadeias de suprimentos: administração de processos logísticos/
Léo Tadeu Robles. Curitiba: InterSaberes, 2016.
(Série Logística Organizacional)
    Bibliografia.
    ISBN 978-85-5972-160-7
    1. Cadeia de suprimentos – Gerenciamento 2. Logística (Organização)
3. Planejamento estratégico I. Título. II. Série.
16-05765   CDD-658.5

Índices para catálogo sistemático:
1. Logística: Gerenciamento da cadeia de suprimentos: Administração de
empresas 658.5

Sumário

12 Prefácio

14 Apresentação

18 Como aproveitar ao máximo este livro

22 Introdução

27 **1. Cadeias de suprimentos**

1.1 Administração da cadeia de suprimentos (ACS) e logística integrada 30

1.2 Estratégia competitiva das empresas e serviços de logística integrada 31

1.3 Cadeias globais de suprimentos 57

71 **2. Mapeamento de cadeias de suprimentos e integração logística**

2.1 Mapeamento de cadeias de suprimentos 74

2.2 Componentes logísticos e sua integração 79

111 **3. Projetos de redes de operações**

3.1 Caracterização das redes de operações 117

3.2 Parcerias em cadeias de suprimentos e mecanismos de coordenação 122

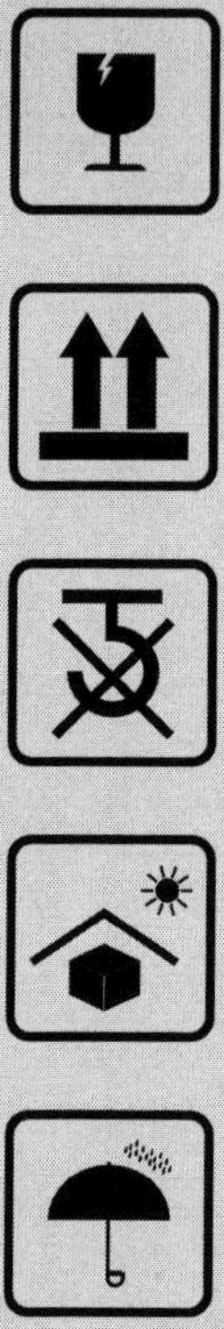

155   4. GESTÃO DA TECNOLOGIA DA INFORMAÇÃO (TI) EM CADEIAS DE SUPRIMENTOS

4.1   Sistemas de informação em cadeias de suprimentos.... 158

191   5. INICIATIVAS E PRÁTICAS NA ADMINISTRAÇÃO DA CADEIA DE SUPRIMENTOS (ACS)

5.1   Tipos de negociação em cadeias de suprimentos 196

5.2   Sistemas de desenvolvimento e avaliação de fornecedores 208

224   PARA CONCLUIR...

226   REFERÊNCIAS

232   RESPOSTAS

236   SOBRE O AUTOR

Dedico esta obra a Gustavo e Fernanda, meus netinhos, cuja existência e presença alegres fazem com que eu me sinta novo em folha!

Léo Tadeu Robles

Agradeço

à minha família, em especial à minha esposa, Heloísa, pelo apoio e pela solidariedade.

À Mestre Marisa Nobre, minha eterna amiga – que, precocemente e à nossa revelia, subiu a outros planos –, pela convivência instigadora, pelo esforço dedicado na revisão desta obra e, acima de tudo, pelo entusiasmo contagiante no compartilhamento das rotas acadêmicas e literárias da economia marítima e da logística internacional. Sem ela, esta obra não teria sido concluída.

ORAÇÃO AO TEMPO
COMPOSITOR DE DESTINOS
TAMBOR DE TODOS OS RITMOS
TEMPO, TEMPO, TEMPO, TEMPO
ENTRO NUM ACORDO CONTIGO
[...]
POR SERES TÃO INVENTIVO
E PARECERES CONTÍNUO
TEMPO, TEMPO, TEMPO, TEMPO
ÉS UM DOS DEUSES MAIS LINDOS
[...]

Caetano Veloso, 1979.

PREFÁCIO

Este livro apresenta, de forma didática, as questões relacionadas à administração da cadeia de suprimentos. O texto possibilita aos estudantes e profissionais da área de logística empresarial a aquisição de conhecimentos sobre como se justifica, acontece e se aprimora a integração dos elementos das cadeias de suprimentos nos negócios empresariais.

A administração da cadeia de suprimentos, também conhecida pela sigla ACS, é parte dos processos de competição e potencializa as vantagens de integração dos elementos logísticos em apoio às tomadas de decisão sobre alternativas relacionadas a modos de transporte mais econômicos, ao uso de embalagens especiais de produtos, à utilização de armazenagens intermediárias, aos tipos de consolidação de cargas, à opção por equipamentos especiais para movimentação de mercadorias, à utilização de sistemas de informação dedicados e à gestão de inventários ao longo das cadeias de suprimentos, assim como sobre a importância das questões fiscais e aduaneiras e da consideração das questões ambientais.

Outra dimensão é a das cadeias globais de suprimentos, as quais se materializam por negociações complexas relativas ao comércio exterior na implantação de estratégias empresariais de *marketing* internacional e na prática dos conceitos da logística internacional.

A logística integrada tem respaldo nos fluxos e nos movimentos de mercadorias e informações, e sua condição principal é realocar, de forma coordenada, os estoques de mercadorias e matérias-primas, desde sua origem verdadeira ao destino final de uso ou consumo.

Assim, podemos utilizar, por analogia, duas figuras para comparar o resultado da proposta da ACS: a de um rio e a de uma orquestra, aparentemente sem relação uma com a outra, mas com muito significado para o entendimento da cadeia de suprimentos.

O rio está associado à ideia de tempo, de passagem, ao momento presente – corre por um leito com sua nascente, a montante, e sua foz, a jusante, onde deságua. Ora, a montante, nas cadeias de suprimentos empresariais, estão os fornecedores (em elos), que dão atendimento às demandas de fabricação ou montagens, e a jusante, o mercado composto de clientes e usuários dispostos e capacitados a comprar, os quais serão atendidos pela operação.

Em relação à orquestra, podemos refletir sobre a integração entre os elementos das cadeias de suprimentos da mesma forma: com seus instrumentos, os músicos atuam na realização da obra musical. Nas cadeias de suprimentos, cada agente (elo da cadeia) desempenha suas funções. Mas, de forma harmônica, nos compassos e no andamento desejados, atendem às exigências da empresa focal (maestro), que age como gestor das cadeias.

Em relação à obra por completo, ela aborda os conceitos de ACS e de mapeamento de cadeias e integração logística, além de um trazer rico detalhamento da gestão de projetos de redes, com ênfase nos mecanismos de coordenação de parcerias e alianças estratégicas em cadeias de suprimentos. Ao final, o livro apresenta as atividades de apoio à ACS para obtenção de melhores níveis de serviço aos clientes por meio da agregação de valor logístico aos produtos comercializados.

O Prof. Dr. Léo Tadeu Robles, com sua experiência profissional e formação acadêmica, vem trabalhando com o intuito de contribuir para a formação de profissionais na área de logística, e eu me enquadro nessa categoria, pois, além de ter sido sua orientanda no mestrado, tenho tido a grata satisfação e a oportunidade de continuar realizando pesquisas e produção de textos em parceria com ele sobre este tema apaixonante, a integração logística, um grande desafio para os negócios domésticos ou internacionais.

A todos que por aqui passarem desejo uma boa leitura e que a obra se traduza na ampliação de seu aprendizado e no incremento de sua capacitação profissional.

Marisa Nobre

Apresentação

A primeira gerente de logística integrada com quem tive contato foi minha mãe, D. Doneta. Ela, dona de casa, era encarregada da logística de suprimentos, realizando compras, regateando preços e exigindo dos fornecedores (Seu Manuel da venda; Daniel, o açougueiro, entre outros) embalagens que facilitassem o transporte até nossa casa e a armazenagem (guarda) nos armários da cozinha. Além disso, era responsável pela logística de planta, ou seja, a disposição das mercadorias para as atividades de produção (nossas refeições) e manutenção (limpeza da casa), e pela gestão de inventários. Ela não comprava o que estava faltando, mas o que poderia faltar, tendo em vista sua programação de atividades (produção: especificações e quantidades) para a semana. Seu objetivo sempre foi atender aos clientes (eu, meu pai e meu irmão) com a melhor qualidade e no tempo e na quantidade certos.

D. Doneta não trabalhava com a possibilidade de descarte – no máximo, um reaproveitamento eventual. O objetivo era prestar o melhor nível de serviço, atendendo às expectativas dos clientes e superando-as, o que também representava uma gratificação pelo trabalho bem-feito e reconhecido. Tudo isso sob uma restrição orçamentária e financeira das mais rigorosas – Seu Antonio, meu pai, era chofer de praça autônomo, e sua renda era variável e inconstante.

Essa analogia demonstra o papel e a importância da gestão de logística integrada entre agentes das cadeias de suprimentos, ressaltando o papel das relações interpessoais nessas cadeias e a necessidade do controle constante da satisfação dos clientes e da relação de parceria com os fornecedores.

O mundo empresarial atual é complexo e tem âmbito global, e o profissional que deseja atuar no campo da logística e em cadeias de suprimentos sofisticadas deve atentar para as pequenas coisas e conscientizar-se de que o gerente logístico é aquele que, como a dona de casa e o juiz de uma partida de futebol, tem sua atuação bem avaliada quando passa despercebido no dia a dia das empresas. Essa condição, na complexidade do ambiente empresarial, exige desse profissional estudo e atualização permanentes, pois a tecnologia avança e, por consequência, surgem oportunidades de melhorias de tempo e de custo para a realização das tarefas e dos processos.

Para que você faça um melhor aproveitamento deste livro, apresentamos a seguir como os temas estão distribuídos ao longo do material. A obra está organizada em cinco capítulos: em cada um deles, você encontrará como contribuição à sua aprendizagem um estudo de caso, uma síntese do capítulo, questões para revisão e indicações de leituras complementares para saber mais sobre os temas abordados. As obras de autores consagrados citadas como apoio à redação do livro estão dispostas na seção "Referências".

O **Capítulo 1** apresenta o conceito de administração da cadeia de suprimentos (ACS), com uma breve descrição de seus componentes e das características de sua gestão integrada, bem como das cadeias globais de suprimentos, com o apoio de casos práticos para a consolidação dos conteúdos.

O **Capítulo 2** aborda o mapeamento de cadeias de suprimentos e a integração dos componentes logísticos, o que auxiliará no entendimento do conteúdo do **Capítulo 3**, que trata da gestão de projetos de redes, da conceituação dos mecanismos de coordenação de parcerias, das alianças estratégicas nas cadeias de suprimentos e dos passos para a contratação de operadores logísticos.

O **Capítulo 4** mostra como gerenciar os fluxos de informação nas cadeias de suprimentos, mais precisamente a aplicação de ferramentas e sistemas de tecnologia da informação na relação entre os agentes da cadeia, tais como o *electronic data Interchange*[1] (EDI), o *efficient consumer response*[2] (ECR), o *vendor managed inventory* (VMI) e o *collaborative planning, forecasting and replenishment* (CPFR), e na comercialização por meios eletrônicos, o *e-business*.

O **Capítulo 5** expõe as iniciativas e as práticas na ACS, destacando os tipos de negociação e os sistemas de desenvolvimento e avaliação de fornecedores.

Estes dois últimos capítulos (4 e 5), analisam as atividades de apoio à ACS, na busca por melhores níveis de serviço aos clientes por meio da agregação de valor logístico aos produtos comercializados.

Os conteúdos desta obra são essenciais para aqueles profissionais que estejam desenvolvendo seu aprendizado na área de cadeias de suprimentos, pois esclarecem como desenvolver e buscar formas de melhor integração logística nos fluxos, nos sistemas de informação e nos cuidados com o processo de negociação entre agentes intervenientes.

Espero que esta obra contribua para seu conhecimento no fabuloso campo da ACS e que o ajude a tornar-se um profissional engajado, aprimorando seu desempenho.

Lembre-se: nós, profissionais da logística, trabalhamos para a solução do paradoxo entre o melhor nível de serviço aos clientes e o maior valor aos acionistas (D. Doneta se deu bem nessa área).

Bom aprendizado!

---

[1] Em português, "intercâmbio eletrônico de dados".
[2] Em português, "resposta eficiente ao consumidor".

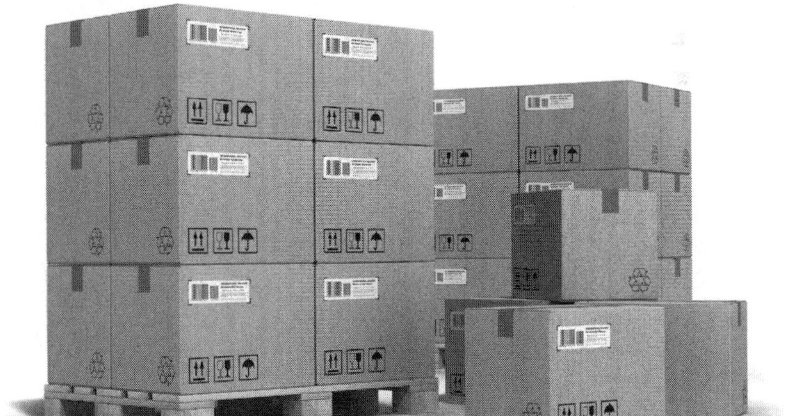

COMO APROVEITAR AO MÁXIMO ESTE LIVRO

Este livro traz alguns recursos que visam enriquecer o seu aprendizado, facilitar a compreensão dos conteúdos e tornar a leitura mais dinâmica. São ferramentas projetadas de acordo com a natureza dos temas que vamos examinar. Veja a seguir como esses recursos se encontram distribuídos no decorrer desta obra.

CONTEÚDOS DO CAPÍTULO Logo na abertura do capítulo, você fica conhecendo os conteúdos que nele serão abordados.

CONTEÚDOS DO CAPÍTULO:
- Configuração das cadeias de suprimentos.
- Contribuição das cadeias de suprimentos e estratégias empresariais.
- Conceitos de logística e logística integrada segundo autores de referência.
- Cadeias globais de suprimentos e logística integrada.

ESTUDO DE CASO Esta seção traz ao seu conhecimento situações que vão aproximar os conteúdos estudados de sua prática profissional.

> ### Estudo de caso
>
> **As dez megatendências das cadeias de suprimentos e da logística de acordo com o relatório *Material Handling & Logistics U.S. Roadmap***
>
> Em janeiro de 2014, foi publicado o relatório *Material Handling & Logistics U.S. Roadmap*, desenvolvido pelos pesquisadores Kevin Gue, da Auburn University (editor-chefe); Elif Akcali, da University of Florida; Alan Erera, do Georgia Institute of Technology; Bill Ferrell, da Clemson University; e Gary Forger, da Mitsubishi Heavy Industries (MHI), com base em uma série de oficinas e encontros com especialistas do setor. O objetivo foi identificar, no ambiente atual de mudanças rápidas e incertezas, quais são as tendências e as bases para novos arranjos empresariais na logística e nas cadeias de suprimentos.
>
> Os autores destacam que as empresas já estão buscando formas de estreitar suas relações desde a linha de produção até as prateleiras das lojas (ou catálogos de lojas do *e-commerce*), para aproveitar as oportunidades e a produção. O manuseio de materiais e o transporte já se mostram como partes de um processo único, em contraposição aos processos anteriores de eventos discretos.
>
> Após 18 meses de trabalho dos autores e consulta a mais de 100 líderes do setor nos Estados Unidos, incluindo gerentes logísticos, fornecedores, a academia, associações especializadas e o governo, a obra se completou e identificou 10 megatendências referenciadas a mais de 60 capacitações que o setor precisará desenvolver, as quais são listadas a seguir.
>
> **I. Mudança na mão de obra**
> A preocupação com as pessoas esteve sempre presente em todas as discussões desenvolvidas, e a constatação é a existência de desafios imediatos: uma mão de obra que muda rapidamente e se defronta com planos de carreira mal definidos, sistemas de treinamento/capacitação

SÍNTESE Você dispõe, ao final do capítulo, de uma síntese que traz os principais conceitos nele abordados.

> ### Síntese
>
> Neste capítulo, vimos que a administração de cadeias globais de suprimentos tem sido fundamental para os processos de concorrência na medida em que acentua as vantagens de integração dos componentes logísticos nas tomadas de decisão referentes à escolha do modal de transporte mais econômico, ao uso de embalagens especiais de produtos, à utilização de armazenagens intermediárias, aos tipos de consolidação de cargas, à opção por equipamentos especiais de movimentação de mercadorias, à utilização de sistemas de informação dedicados, à gestão de inventários ao longo das cadeias de suprimentos, assim como no que se refere à importância das questões fiscais e aduaneiras e à consideração das questões ambientais. Além disso, destacamos que as cadeias de suprimentos se materializam por negociações complexas relativas ao comércio exterior, pelas estratégias empresariais de *marketing* internacional e pela logística internacional.

Questões para revisão

I. Sobre as principais abordagens de estratégias competitivas, com impacto na logística, desenvolvidas pelas organizações, assinale a(s) alternativa(s) correta(s):
   a) A determinação da vantagem competitiva, proposta por Porter, com a análise interna das organizações e o uso da ferramenta de cadeia de valores genérica.
   b) O modelo de comportamento do consumidor e suas repercussões, no item *promoção* do composto de *marketing* das organizações.

Questões para revisão

1. Sobre o mapeamento de uma cadeia de suprimentos, assinale a(s) alternativa(s) incorreta(s):
   a) É a identificação dos agentes (elos) e dos componentes da cadeia, determinando-se as características de sua inter-relação e os fluxos físicos e de informação que apresentam.
   b) É o desenho em uma carta geográfica da localização dos componentes (elos) da cadeia, assim como das rotas utilizadas, determinando-se os modos de transporte possíveis utilizados.
   c) É um passo básico para o planejamento dos processos logísticos associados a uma cadeia de suprimentos. Os fluxos físicos e de informação apoiarão ações de compatibilização de sistemas físicos (entradas/saídas das plantas, embalagem, necessidade de instalações de armazenagem etc.) e o compartilhamento de informações com base em sistemas computacionais comuns.
   d) Ele define, por si só, se uma cadeia de suprimentos é doméstica ou internacional. Um mapa com a identificação de países e localidades é a ferramenta básica para tanto e apoia eventuais procedimentos alfandegários.
   e) Compreende a explicitação por processos e subprocessos de atividades, responsáveis, tempos e formas de controle de desempenho. Essa explicitação é formalizada, apoia-se na contratação de compras e vendas e pode ser realizada por um operador logístico especializado.

2. Sobre o inter-relacionamento das atividades logísticas na gestão integrada de cadeias de suprimentos, assinale a(s) alternativa(s) correta(s):
   a) A gestão integrada das atividades e dos componentes implica o planejamento e o controle dos processos logísticos com base em objetivos estabelecidos em comum entre os diversos elos da cadeia de suprimentos.
   b) A inter-relação se dá tanto no nível físico (instalações, equipamentos, formas e veículos de movimentação de produtos) como no nível informacional, por meio da troca constante e em tempo real de informações entre os elos da cadeia de suprimentos.

QUESTÕES PARA REVISÃO Com estas atividades, você tem a possibilidade de rever os principais conceitos analisados. Ao final do livro, o autor disponibiliza as respostas às questões, a fim de que você possa verificar como está sua aprendizagem.

Para saber mais

As cadeias globais de suprimentos são cada vez mais importantes e têm como requisito a capacitação em suas características de negociações. Tendo em vista sua ligação com o comércio exterior, é importante para um profissional da área da logística conhecer o material divulgado pelo Ministério da Indústria, Comércio Exterior e Serviços (MDIC). No menu à esquerda do sítio indicado a seguir, ao clicar em "Negociações Internacionais", você encontra submenus que apresentam os acordos internacionais do Brasil e as condições particulares de negociação e de compra e venda em cada um deles.
BRASIL. Ministério da Indústria, Comércio Exterior e Serviços. Comércio exterior. Disponível em: <http://www.mdic.gov.br/comercio-exterior>. Acesso em: 21 set. 2016.

Outra publicação importante é o *Manual de negociações internacionais*, elaborado pela Federação das Indústrias do Estado de São Paulo (Fiesp).
FIESP – Federação das Indústrias do Estado de São Paulo. Departamento de Relações Internacionais e Comércio Exterior. Manual de negociações internacionais. São Paulo, jun. 2003. Disponível em: <http://docslide.com.br/documents/manual-negociacoes-internacionais.html>. Acesso em: 21 set. 2016.

O livro *Qualidade: a revolução da administração* foi editado à época da Autolatina Brasil Ltda., por ocasião da visita de William Edwards Deming ao Brasil para participação em seminários internos de treinamento. O autor foi o criador dos sistemas de gestão da qualidade aplicados com sucesso nas empresas japonesas no pós-guerra e, algum tempo depois, adotados pelas empresas norte-americanas. A obra indicada apresenta e detalha o método de 14 pontos para mudança da atitude das empresas e de seus funcionários em relação aos processos de qualidade.
DEMING, W. E. Qualidade: a revolução da administração. Rio de Janeiro: M. Saraiva, 1990.

PARA SABER MAIS Você pode consultar as obras indicadas nesta seção para aprofundar sua aprendizagem

Perguntas & respostas

O que são arranjos produtivos locais?

A literatura acadêmica da administração trata de conceitos que se espelham na realidade e nas características dos negócios e, assim, focaliza a interdependência das relações empresariais na compra e venda de produtos e serviços e as interações com as sociedades, nas quais as organizações atuam direta ou indiretamente. Até o momento, vimos alguns deles, tais como *redes de negócios*, *cadeias de suprimentos* e *conglomerados* (*clusters*) ou *arranjos produtivos*. Alguns autores defendem que a complexidade e a extensão dos mercados globais têm levado as empresas a se organizarem de modo a estabelecer relações mais permanentes e com características de atuação conjunta para competição. Nesse contexto, arranjos produtivos caracterizam uma forma de conseguir isso, sendo que arranjos produtivos locais (APLs) são aglomerações de empresas em regiões específicas que compartilham competências e recursos em redes de negócios e interagem com entidades locais (governo, associações de classe, agências de fomento etc.). Os APLs são importantes fatores de desenvolvimento regional.

A administração da cadeia de suprimentos (ACS) corresponde, conforme mencionamos, à gestão e ao controle de fluxos de materiais e de informações, que são viabilizados por fluxos financeiros entre as empresas componentes dessa cadeia ou arranjo produtivo.

A Figura 3.1 demonstra uma configuração proposta por Slack et al. (2013) para uma rede ou cadeia de suprimentos na qual se apresentam as empresas envolvidas. Em uma relação imediata, estas são denominadas *primeira camada* (*first layer*) e, quando a relação se afasta da empresa focal da cadeia de suprimentos, são chamadas de *segunda camada* (*second layer*).

PERGUNTAS & RESPOSTAS NESTA SEÇÃO, O AUTOR RESPONDE A DÚVIDAS FREQUENTES RELACIONADAS AOS CONTEÚDOS DO CAPÍTULO.

Introdução

A transformação da economia mundial por meio do aumento dos intercâmbios comerciais entre as nações, dos processos de *global sourcing* (compras e vendas em nível internacional) e da redução dos custos e tempos nas relações de comércio exterior e nas trocas domésticas tem levado as empresas a modificar suas estruturas, com o objetivo de **identificar, implantar e explorar vantagens competitivas** com base na incorporação de serviços aos produtos, a fim de **oferecer valor aos clientes**, inclusive nas inter-relações empresariais de parceria, de cooperação ou, em sua dimensão mais avançada, de alianças estratégicas. Estas implicam o compartilhamento de informações e recursos para atendimento a um mercado comum (Robles, 2001).

As empresas têm de se preocupar com o paradoxo entre adicionar valor aos clientes, o que pode levar a custos maiores, e agregar valor (lucro) aos acionistas pela maior rentabilidade (receitas menos custos) das operações. Entre as estratégias adotadas, destacam-se o **foco na competência essencial** (*core business*) **da organização**, o **princípio da produção enxuta** (*lean production*) e a **adoção de sistemas de gestão integrada dos serviços logísticos ao longo das cadeias de suprimentos**, a montante[1], na direção dos fornecedores (nível 1 – fornecedores primários ou de primeiro nível; nível 2 – fornecedores primários, fornecedores dos fornecedores, e assim por diante), ou a jusante[2], na direção dos compradores (atacadistas, distribuidores e lojistas).

No início dos anos 1990, o Brasil adotou uma estratégia de **inserção competitiva** pela abertura econômica para o comércio exterior, a qual compreende a política de estabilização monetária com medidas de redução da inflação (sucesso com o Plano Real) e de redução das diferenças

---

1 O termo *a montante*, diz respeito à direção para a nascente de um rio, onde ele começa. Em analogia ao conteúdo estudado, é a origem das matérias-primas e seus fornecedores.
2 O termo *a jusante* se refere à direção para onde o rio desemboca (termina), no mar ou em outro rio. A analogia aqui sugerida indica uma direção voltada aos clientes e usuários finais.

econômicas, sociais e regionais. Dessa forma, as relações econômicas como um todo e as interempresariais se modificaram, exigindo adaptação rápida à nova situação de concorrência e à redução da inflação, o que possibilitou o foco em ações com prazo maior de maturação, sem a urgência das questões monetárias.

Nesse sentido, a ênfase da administração passou a ser na redução de custos de produção, pois a estabilidade monetária do país, ao contrário do que ocorria antes, impedia o repasse de custos. Assim, a racionalização de despesas e a gestão de serviços e custos logísticos, predominantemente contratados com operadores logísticos especializados, tornaram-se os grandes focos. Esses prestadores se inserem nas estratégias e nos processos produtivos de seus clientes, em uma nova caracterização de serviços, com escopo mais amplo, na configuração de provedores de serviços logísticos (*Third Party Logistics Providers* – 3PLs). Essa tendência se iniciou no Brasil nos anos 1990, acompanhando o contexto mundial, e persiste até hoje. Ao agregarem valor aos produtos e serviços das organizações, os serviços de logística integrada e seu papel como fonte de vantagem competitiva fazem com que sua terceirização, teoricamente, passe a se configurar como uma aliança estratégica entre empresas (essa condição será analisada com mais profundidade no Capítulo 3 desta obra).

O conceito de logística integrada pode ser entendido de duas maneiras: a primeira diz respeito à gestão dos componentes logísticos em conjunto, isto é, os elementos constituintes da logística – transporte, armazenagem, embalagem, manuseio de materiais, gestão de inventários, sistemas de informação, gestão do ciclo de pedidos, questões fiscais e questões ambientais – não são gerenciados de forma individual ou separada, e os resultados ótimos acontecem por meio da interação e da interdependência desses componentes. Já a segunda se refere ao conceito de logística integrada como a inter-relação entre os fornecedores e compradores nas cadeias produtivas.

Nesta obra, essa inter-relação é entendida como **cadeia de suprimentos**, ou, em inglês, *supply chain* (SC), e **administração da cadeia de suprimentos** (ACS), ou, em inglês, *supply chain management* (SCM), que é seu gerenciamento.

As cadeias de suprimentos, que são conhecidas como *cadeias produtivas* e *cadeias logísticas* (quando na movimentação de mercadorias entre seus componentes), baseiam-se na gestão de um fluxo físico de produtos entre empresas e de um fluxo de informações intercambiadas, sendo ambos viabilizados por um fluxo financeiro de pagamentos e recebimentos.

Aqui, veremos que a administração da cadeia de suprimentos corresponde à busca por agregar valor aos clientes na prestação de serviços logísticos personalizados, ao mesmo tempo que se procura preservar e aumentar o valor para os acionistas com a realização de negócios de rentabilidade sustentável.

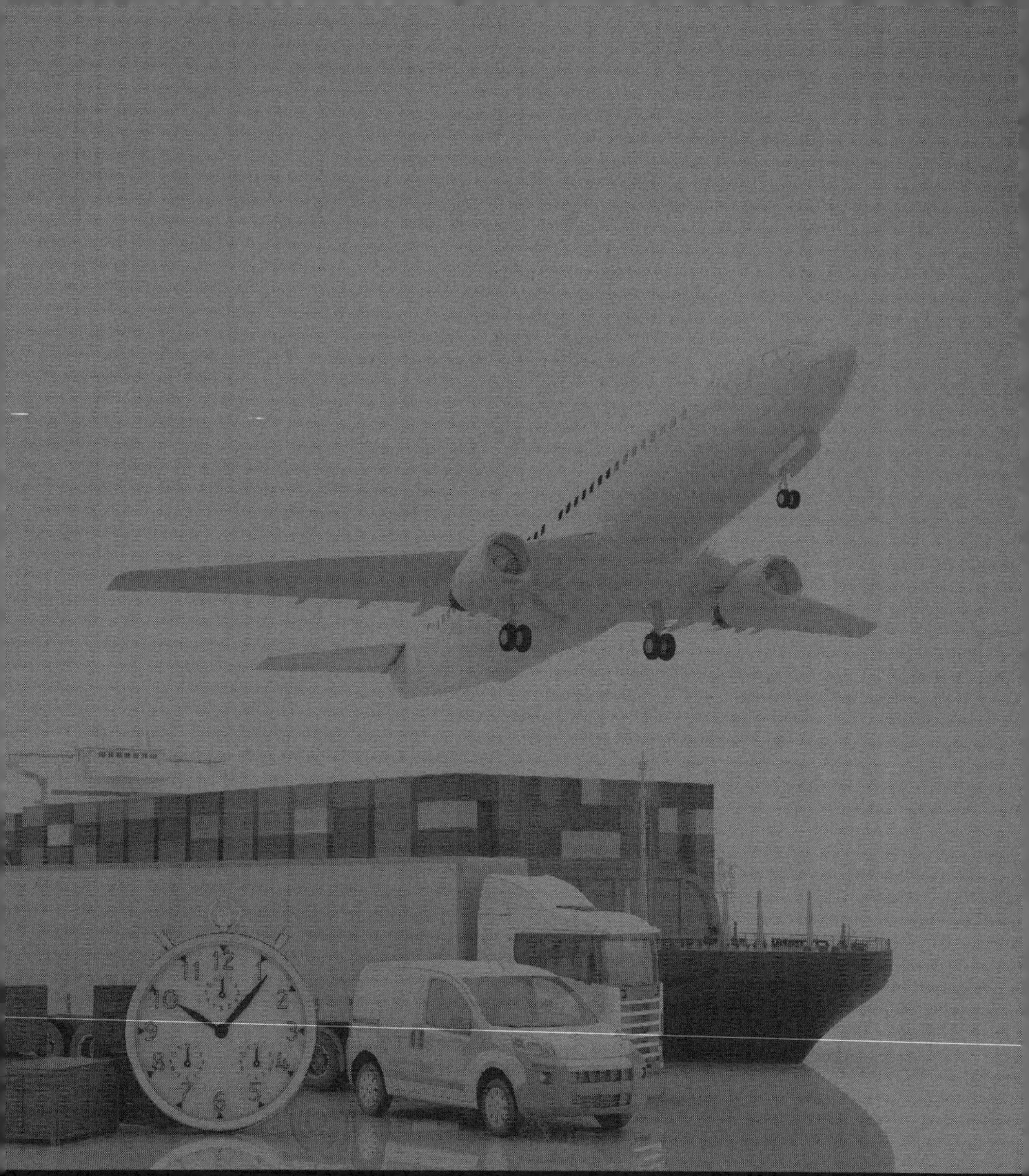

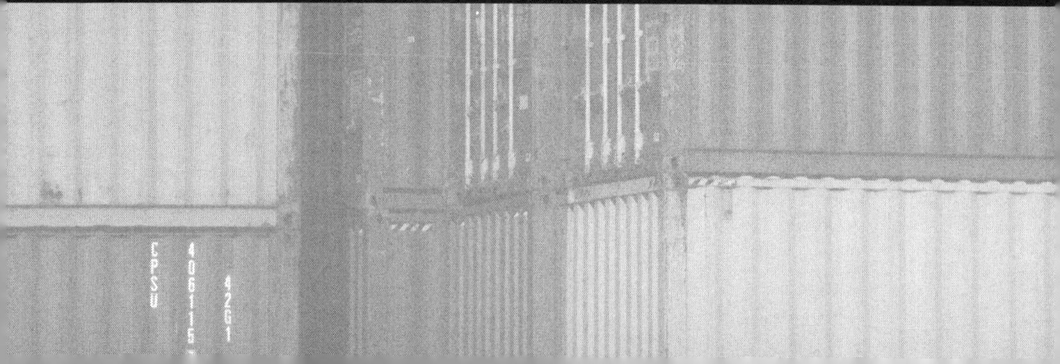
CPSU
406116
42G1

1

CADEIAS DE SUPRIMENTOS

Conteúdos do capítulo:

- Configuração das cadeias de suprimentos.
- Contribuição das cadeias de suprimentos e estratégias empresariais.
- Conceitos de logística e logística integrada segundo autores de referência.
- Cadeias globais de suprimentos e logística integrada.

O **CONCEITO DE** cadeias de suprimentos se compatibiliza com o de logística integrada ao incorporar as relações interempresariais que se estabelecem na movimentação de mercadorias desde a origem das matérias-primas até a entrega dos produtos acabados aos clientes finais. Esse fluxo físico é apoiado pela gestão de fluxos de informações intercambiadas e viabilizado por fluxos financeiros.

> As cadeias de suprimentos lidam com a solução do paradoxo entre o melhor nível de serviços aos clientes, com a agregação de valor logístico aos produtos, e a necessidade de agregar valor aos investimentos dos acionistas.

A abertura da economia e a globalização têm impactado empresas dos mais diversos setores. Compras e vendas em nível global são comuns, assim como a distribuição da produção entre países, o que exige a adaptação das empresas e a busca por fontes de vantagens competitivas por meio de estratégias singulares e não replicáveis pela concorrência.

A logística ganha campo e evidência, passando de uma condição de atividade acessória (recebimento e expedição de produtos) para a de estratégia de agregação de valor aos clientes por serviços diferenciados de entrega e disponibilização.

É nesse sentido que se apresenta o paradoxo citado anteriormente, ou seja, as empresas devem criar e sustentar valor aos clientes por meio da agregação de serviços aos produtos, mas também devem preservar e aumentar valor aos acionistas pela obtenção de resultados empresariais que os remunerem. A solução desse paradoxo tem sido buscada pela melhoria de processos e pela inter-relação dos agentes das cadeias produtivas, isto é, pela administração da cadeia de suprimentos (ACS), ou *supply chain management* (SCM).

A estratégia de produção com base em pedidos firmes condiciona as operações a fluir em lotes menores, com mais frequência, e as ajusta aos requerimentos das linhas de produção. Isso é resultado da posição de volumes reduzidos de estoques ao longo das cadeias produtivas até a entrega de produtos acabados.

Diante disso, a gestão logística exige a integração dos componentes logísticos e o inter-relacionamento nas cadeias de suprimento locais e internacionais, em uma realidade de economias globalizadas.

1.1 Administração da cadeia de suprimentos (ACS) e logística integrada

O conceito de logística integrada muitas vezes é confundido com o de ACS. Nesta obra, utilizamos o termo *logística integrada* em referência à gestão conjunta dos componentes logísticos, e ACS para nos referirmos à inter-relação das empresas que atuam ao longo de uma cadeia de suprimentos. Na literatura, encontramos também as denominações *gestão* ou *gerenciamento da cadeia de suprimentos* ou *de abastecimento*.

O estudo de cadeias de suprimentos é oportuno e importante para a determinação das condições de competitividade das empresas e de suas estratégias. Ele tem como base uma abordagem complexa, relativamente recente e cujo desenvolvimento está associado à adoção de práticas revolucionárias de produção nas indústrias, notadamente na indústria automobilística, conforme apresentamos adiante.

As organizações têm buscado identificar suas competências essenciais e focalizar nelas seus esforços, o que se evidencia na terceirização[1] de atividades e funções: inicial e tradicionalmente, encontramos atividades complementares,

---

[1] As empresas, ao terceirizarem atividades acessórias ou conexas, concentram-se nas principais ou essenciais (*core*), ou seja, naquelas por meio das quais é possível ganhar vantagens competitivas.

como serviços de limpeza, de alimentação e de segurança, e, mais recentemente, em uma abrangência maior, a de prestação de serviços logísticos.

Nessa relação, são importantes a negociação e a fixação de **indicadores de desempenho** e de **qualidade**, que fazem parte dos contratos e subsidiam a demonstração de resultados. A facilitação e o barateamento dos meios de troca de informações em tempo real transformaram as relações interempresariais em parcerias de atuação no mercado.

A logística apresenta uma nova dimensão nas organizações e se converte em fonte de diferenciação e de vantagem competitiva. Desse modo, operadores logísticos ampliam seu espectro de atuação na direção do entendimento e da efetiva participação nos negócios de seus clientes. Um exemplo simples é a armazenagem de mercadorias importadas, em geral matérias-primas, em recintos alfandegados. Nesse caso, o operador logístico tem relação estreita com o programa de produção e libera (nacionaliza) a matéria-prima de acordo com a necessidade, ou seja, ele armazena o produto, gerencia o estoque e posterga os pagamentos de impostos de importação.

1.2 Estratégia competitiva das empresas e serviços de logística integrada

O planejamento de estratégias competitivas das organizações e as ações decorrentes dele têm sido estudados por autores basilares. A seguir, apresentamos um resumo dessas visões, conforme proposto por Robles (2001). Essas abordagens se apoiam em transformações profundas no ambiente empresarial no Brasil e no mundo. São elas:

- Economias globalizadas representam a necessidade de as empresas focalizarem suas ações em nível mundial, isto é, em compras e vendas internacionais e na prática comum do *global sourcing*.
- Processos de aquisição de empresas são efetivados pela busca de economias de escala, a fim de aproveitar oportunidades em mercados emergentes ou consolidados e alavancar sinergias para a competição internacional.
- *Outsourcing*, ou seja, a compra ou contratação de serviços externos, com a terceirização de uma variedade crescente de atividades, permite a busca, de forma ideal, pela efetivação de parcerias.

- Facilidades e segurança nos mecanismos de comunicação possibilitam a existência de um mercado financeiro global e a negociação de ações em bolsas das empresas mundiais, e o valor para o acionista constitui-se em um objetivo permanente na melhoria de resultados, com o aumento de receitas e a redução de despesas.

No Brasil, como mencionamos, destaca-se o êxito das políticas de estabilização monetária a partir do Plano Real. Na década de 1980 e no início da de 1990, presenciamos uma sucessão de políticas monetárias equivocadas; cortavam-se zeros, mudavam-se os nomes das moedas e uma mentalidade inflacionária se apresentava no país. As moedas perderam suas referências, e os bens eram cotados em dólares norte-americanos.

A preocupação das organizações era a de sobreviver e repassar custos, o que a inflação alta permitia, sem maiores considerações sobre os custos de produção ou de prestação de serviços, pois, muitas vezes, as receitas financeiras sobrepujavam as operacionais. A estabilidade monetária mudou esse estado de coisas, e as empresas puderam se concentrar na redução de custos operacionais e focalizar objetivos e metas de longo prazo.

Nessa nova conjuntura, as empresas brasileiras passaram a adotar os conceitos de formulação estratégica – já vigentes em outros países –, de identificação e exploração de vantagens competitivas e de foco em competências essenciais e em processos da mentalidade enxuta (*lean thinking*), examinados a seguir, com base em proposto por Robles (2001).

1.2.1 Vantagem competitiva

Um dos autores fundamentais do pensamento estratégico é **Michael Eugene Porter**, economista e professor da Harvard Business School (HBS). Nessa universidade, ele pesquisou a nova economia institucional, bem como a estrutura e as condições de competição dos setores econômicos em seus mercados de atuação.

O autor desenvolveu um modelo, que passou a ser designado como *Modelo das Cinco Forças de Porter*, cujo objetivo é analisar as forças competitivas em um determinado setor e, desse modo, determinar sua atratividade para atuação de uma organização.

As cinco forças desse modelo podem ser resumidas da seguinte forma:

1. **RIVALIDADE** – Refere-se a práticas usuais de concorrência e mesmo de retaliação entre concorrentes. O grau de concentração do setor também determina práticas correntes de competição.
2. **AMEAÇAS DE NOVOS ENTRANTES** – São novas empresas que queiram e tenham condição de atuar no setor.
3. **AMEAÇAS DE PRODUTOS SUBSTITUTOS** – São novos produtos ou formas de atuação no setor. A visão não é só tecnológica, mas compreende novas formas de inter-relação entre os agentes do setor.
4. **PODER DE NEGOCIAÇÃO (BARGANHA) DOS FORNECEDORES** – Refere-se à concentração ou dispersão de fornecedores e às características dos produtos/serviços oferecidos.
5. **PODER DE NEGOCIAÇÃO (BARGANHA) DOS COMPRADORES** – Refere-se à concentração ou dispersão de compradores e às características dos canais de distribuição do setor.

A Figura 1.1 apresenta as posições de cada uma dessas forças no modelo elaborado por Porter.

Figura 1.1 – Modelo das Cinco Forças de Porter

ANÁLISE ESTRUTURAL DOS SETORES

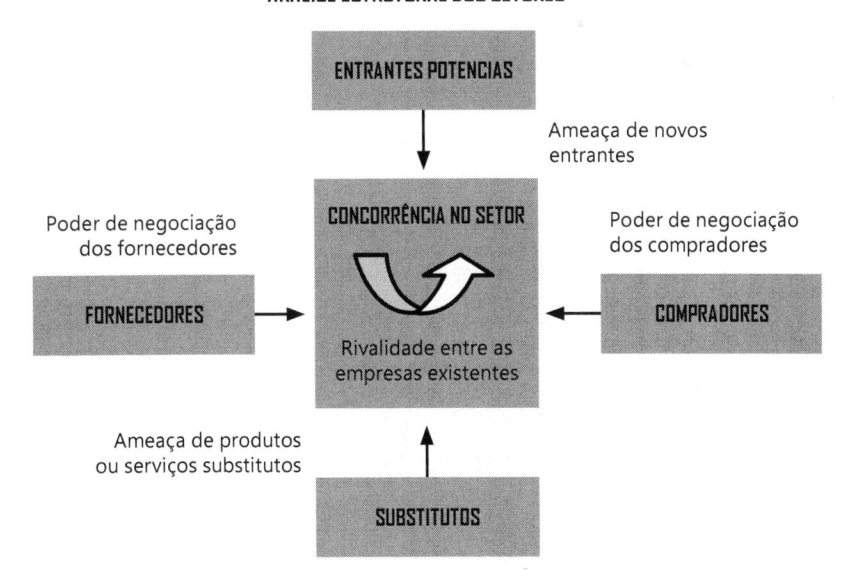

```
                    ENTRANTES POTENCIAIS
                            |
                            | Ameaça de novos
                            v    entrantes
                    CONCORRÊNCIA NO SETOR
Poder de negociação                        Poder de negociação
dos fornecedores                           dos compradores
  FORNECEDORES  ---->                <----   COMPRADORES
                    Rivalidade entre as
                    empresas existentes
                            ^
                            |
                Ameaça de produtos
                ou serviços substitutos
                            |
                       SUBSTITUTOS
```

Fonte: Adaptado de Porter, 1986, p. 23.

Porter (1986), fundamentando-se em seu modelo, propôs um conceito de **estratégia competitiva**, ou seja, as formas ou os cursos de ação pelos quais as organizações vão atuar concorrencialmente nos mercados. O autor apresentou três tipos de estratégias genéricas, quais sejam:

1. **LIDERANÇA DE CUSTOS** – A empresa busca o menor custo de produção de seu setor de mercado e, dado o preço de mercado, o maior lucro.
2. **DIFERENCIAÇÃO** – Os produtos da empresa se diferenciam em valor para os clientes de seu setor de mercado.
3. **FOCO** – A empresa busca atuar em um segmento ou nicho de mercado, com a adoção de uma das duas estratégias genéricas anteriores.

A abordagem estratégica implica que as empresas, em seu planejamento, voltem seus olhares para o conhecimento e a análise do ambiente externo em que atuam, na mesma proporção em que elaboram suas ações "ofensivas ou defensivas para criar uma posição defensável em um setor, para enfrentar com sucesso as forças competitivas nesse setor e, assim, obter um retorno de investimento maior para a empresa" (Porter, 1986, p. 49).

A análise da estrutura de um setor, ou seja, as relações das forças que atuam no mercado, determinará a atratividade desse mercado, apoiando as **decisões de continuidade**, **expansão** ou **término das operações e saída do mercado**. Nas decisões de continuidade ou expansão, as empresas devem identificar vantagens competitivas sustentáveis.

> Segundo Porter (1986), uma vantagem é algo que supera a concorrência. Ela será **competitiva** ao ser explorada na atuação em um mercado e **sustentável** se não for facilmente replicada pelos concorrentes. Desse modo, vantagens competitivas adicionam valor aos produtos/serviços de forma percebida, diferenciada e valorizada pelos clientes.

Em sua obra *Vantagem competitiva: criando e sustentando um desempenho superior* (em inglês, *Competitive Advantage: Creating and Sustaining Superior Performance*), Porter (1998) apresenta uma metodologia de avaliação do ambiente interno das organizações que divide suas operações em atividades, as quais "geram custos e criam valor para os clientes, constituindo-se nas unidades básicas para a vantagem competitiva" (Porter, 1998, p. XV).

O princípio é o de que o ambiente interno das empresas não pode ser analisado como um todo, mas por meio de sua categorização em atividades. Além disso, o autor propõe o instrumento da cadeia de valores genérica, em que as atividades são divididas em dois conjuntos: **atividades primárias** e **atividades de apoio**, conforme mostra a Figura 1.2.

Figura 1.2 – Cadeia de valores genérica: instrumento de avaliação estratégica

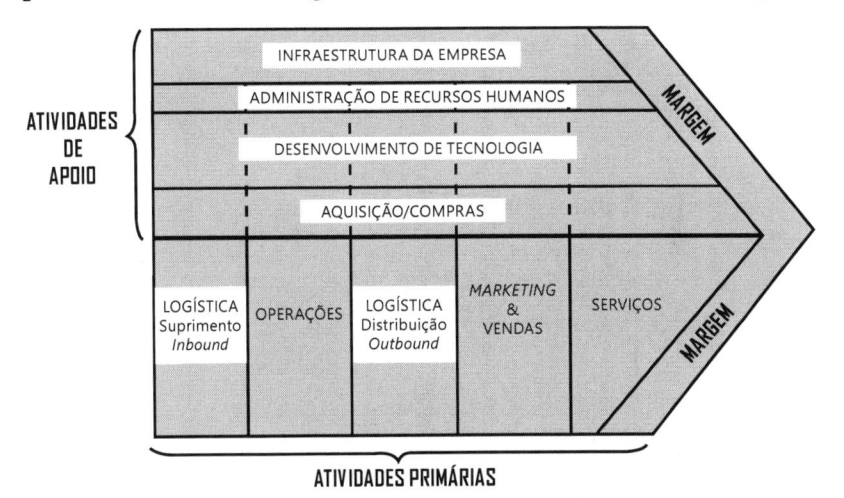

```
ATIVIDADES          INFRAESTRUTURA DA EMPRESA
   DE               ADMINISTRAÇÃO DE RECURSOS HUMANOS      MARGEM
 APOIO              DESENVOLVIMENTO DE TECNOLOGIA
                    AQUISIÇÃO/COMPRAS

                LOGÍSTICA              LOGÍSTICA    MARKETING
                Suprimento  OPERAÇÕES  Distribuição    &       SERVIÇOS   MARGEM
                 Inbound                Outbound     VENDAS

                              ATIVIDADES PRIMÁRIAS
```

Fonte: Adaptado de Porter, 1998, p. 37.

De acordo com a imagem, Porter (1998) define essas categorias de atividades da seguinte forma:

- **Atividades primárias** – É por onde o valor aos clientes flui, ou seja, aquelas atividades que adicionam valor aos produtos/serviços na visão dos clientes. São elas: logística de suprimentos (*inbound*), operações (*plant logistics*), logística de distribuição (*outbound*), *marketing*, vendas e serviços.
- **Atividades de apoio *(support)*** – São atividades que apoiam a realização das atividades primárias, quais sejam: infraestrutura da empresa (instalações, equipamentos, sistemas de apoio etc.), administração de recursos humanos, desenvolvimento tecnológico e compras e suprimentos (*procurement*).

Entre as atividades por meio das quais o valor para os clientes se materializa, o autor ainda destaca aquelas referentes aos macroprocessos logísticos (suprimentos, planta e distribuição), indicando a importância estratégica dessas atividades e seu papel na criação de valor do ponto de vista dos clientes. Nesse sentido, vale considerarmos a definição de **vantagem competitiva** proposta por Porter (1998, p. 3):

> A vantagem competitiva surge fundamentalmente do valor que uma empresa consegue criar para seus compradores que excede o custo que ela tem ao criá-lo. O valor é aquilo que os compradores estão dispostos a pagar e o valor superior provém da oferta, a preços mais baixos do que os da concorrência, de benefícios equivalentes, ou da oferta de benefícios singulares que mais que compensam um preço mais alto.

Os serviços logísticos, dessa forma, deixam de ser acessórios ou complementares para se tornarem fatores de vantagens competitivas, destacando-se das funções tradicionais de *marketing* e de operações. Atualmente, não se concebe um produto sem uma atividade logística de apoio. Essa concepção permeia esta obra como um todo.

Perguntas & respostas

Como se caracteriza a evolução da importância da logística nas organizações?

Por meio do fenômeno da globalização, decorrente da intensificação das relações econômicas entre países, que, por sua vez, é propiciada pela diminuição de custos e tempos de transporte (conteinerização, navios e portos especializados) e pela facilitação das comunicações. Assim, a logística se apresenta como fonte de ganhos de eficiência e redução de custos – anteriormente escondida nas áreas de expedição e recepção, a logística passa a ser fonte de vantagem competitiva ao adicionar valor aos produtos e diferenciar o atendimento aos clientes. No Brasil, essa mudança foi possível pela estabilização monetária da economia e pela inserção do país no contexto econômico global.

1.2.2 Competência essencial

Outros autores basilares do pensamento estratégico são **Gary Hamel** e **Coimbatore Krishnarao Prahalad** (ou apenas C. K. Prahalad), que apresentam um conceito de avaliação da fonte de vantagem competitiva de uma organização, isto é, a identificação de sua competência essencial (*core competence*[2]), a qual pode ser definida, no curto prazo, como resultante dos "atributos de preço/desempenho dos produtos/serviços existentes" e, no longo prazo, como "uma capacidade de formar, a custos menores e com mais velocidade do que os concorrentes, as competências essenciais que propiciam produtos que não podem ser antecipados" (Hamel; Prahalad, 1998, p. 297).

Os mesmos autores propõem a competência essencial como uma vantagem competitiva que parte de um conjunto de práticas (competências) baseadas em tecnologia e no aprendizado nas empresas, não facilmente replicável e utilizado para explorar oportunidades de negócios.

Esse conceito tem sido adotado nas organizações, mas de forma diferenciada, pois, embora claro, sua identificação é complexa, uma vez que é dinâmica e depende da evolução de mercado e da adoção de estratégias decorrentes, como em relação à terceirização de atividades consideradas "não essenciais".

Hamel e Prahalad (1998, p. 302) recomendam que as empresas se concentrem em sua competência essencial, desenvolvendo e colocando nos mercados produtos que se constituam em "materializações físicas de uma ou mais competências essenciais". Ora, conforme já mencionado, as competências essenciais são dinâmicas. Por exemplo: a terceirização na indústria automobilística tem sido ampla, incluindo serviços de logística e de submontagens de sistemas automotivos, o que nos leva à seguinte pergunta: **qual é a competência essencial nessa indústria?**

Poderíamos responder que é o desenvolvimento de novos modelos de automóveis e o aprimoramento dos existentes. No entanto, o que se vê é que essas atividades também foram terceirizadas. Uma resposta que atende ao proposto pelos autores envolve o domínio que as montadoras exercem em suas cadeias produtivas, nas quais se apresentam como empresas focais ou centrais, determinando, na prática, as relações com fornecedores e distribuidores.

---

[2] Diz respeito ao que a empresa faz melhor que a concorrência e que é difícil de ser replicado.

1.2.3 Mentalidade enxuta

Na década de 1980, a indústria automobilística norte-americana se deparou com uma situação inusitada: a concorrência exitosa de automóveis japoneses em seu próprio país – veículos de melhor qualidade e mais baratos vindos de um país muito distante. Para determinação das razões desse fenômeno, foi realizada uma pesquisa no âmbito do Programa Internacional de Pesquisa sobre a Indústria Automobilística do Massachusetts Institute of Technology (MIT). Após cinco anos de pesquisa, estudos e visitas técnicas envolvendo universidades dos Estados Unidos, do Japão e da Europa Ocidental, assim como profissionais da indústria, foi publicada, em 1990, a obra *A máquina que mudou o mundo* (em inglês, *The Machine that Changed the World*), cuja autoria é de **James P. Womack**, **David T. Jones** e **Daniel Roos**. No Brasil, ela foi publicada em 1992 e se constitui em obra fundamental para quem quer entender a indústria automotiva e a mudança de suas formas de produção e de gestão, o que se convencionou chamar de *produção enxuta* (*lean production*).

Uma das constatações do estudo foi a de que a indústria montadora japonesa aplicava métodos há muito conhecidos nos Estados Unidos, mas pouco utilizados, principalmente os relativos aos princípios de gestão da qualidade propostos por **William Edwards Deming**, os quais, adaptados às condições japonesas, serviram de base para o Sistema Toyota de Produção (Ohno, 1997). Entretanto, algumas críticas foram apontadas, principalmente a de que o sistema enxuto só se aplicaria a indústrias de montagem.

Quanto ao *lean thinking* (mentalidade enxuta), na obra *A mentalidade enxuta nas empresas: elimine o desperdício e crie riqueza* (em inglês, *Lean Thinking: Banish Waste and Create Wealth in Your Corporation*), Womack e Jones (1998) estendem seu conceito para outros setores industriais. De acordo com os autores, a mentalidade enxuta pode ser entendida como uma

> forma de especificar valor, alinhar na melhor sequência as ações que criam valor, realizar essas atividades sem interrupção toda vez que alguém as solicita e realizá-las de forma cada vez mais eficaz. Em suma, o pensamento é enxuto, porque representa uma forma de fazer mais com cada vez menos – menos esforço humano, menos equipamento, menos tempo e menos espaço – e, ao mesmo tempo, aproximar-se cada vez mais de oferecer aos clientes exatamente o que eles desejam. (Womack; Jones, 1998, p. 3)

A base proposta pelos autores é a da transformação dos processos produtivos da **produção empurrada** (*push*) de lotes e compostos de produtos fixos, colocados no mercado em uma lógica de oferta, condicionando a demanda (produção em massa) à **produção puxada** (*pull*). Essa nova forma dispõe que os programas de produção sejam decorrentes de pedidos firmes ou que estejam o mais próximo possível de vendas efetivas. Assim, passa-se a exigir **flexibilidade** e **adaptação** dos programas de produção e no relacionamento com fornecedores, o que era inédito no mundo ocidental, mas já praticado no Japão. Essa concepção vem revolucionando a logística e incorpora, de forma definida, o conceito de valor nas atividades produtivas.

Womack e Jones (1998) propõem cinco bases para a implantação dessa mentalidade, quais sejam:

1. **ESPECIFICAÇÃO DO VALOR** – O valor é definido pelo cliente final, ou seja, um produto ou serviço que atenda a suas necessidades, a um determinado preço e em um momento específico.

2. **DETERMINAÇÃO DA CADEIA DE VALOR DO PRODUTO** – A cadeia de valor é entendida como um conjunto de ações necessárias para a produção de um bem ou a prestação de um serviço, analisando-se as atividades que incorporam valor aos produtos do ponto de vista dos clientes e que contemplam toda a cadeia produtiva, desde fornecedores a distribuidores.

3. **GESTÃO DO FLUXO DE VALOR** – A gestão da sequência de atividades e das entidades envolvidas tem o objetivo de identificar e eliminar atividades que representem perda ou que não contribuam para a geração de valor aos clientes. Esse princípio corresponde a uma avaliação constante das atividades, que abrangem o desenvolvimento de produtos, as formas de produção, a relação com fornecedores e a entrega aos clientes. Uma das consequências é que a produção realizada em pequenos lotes implica estoques menores ao longo da cadeia produtiva e, portanto, menores custos.

4. **IMPLANTAÇÃO DA MENTALIDADE DA PRODUÇÃO "PUXADA"** – Realiza-se a gestão contínua para a redução dos *lead times* (tempo do início ao fim) dos processos e, com base nos pedidos dos clientes, deflagra-se o processo de produção, o que exige uma relação estreita e compartilhada

com fornecedores – por exemplo, entregas *just-in-time* (JIT)[3] – e com distribuidores.

5. **Perfeição** – A busca pelo produto perfeito do ponto de vista da qualidade e do cliente deve ser constante, de modo que o valor requerido de produtos e serviços se materialize.

A logística enxuta (*lean logistics*) faz parte da mentalidade enxuta por conta da integração dos componentes logísticos e da caracterização da ACS com a diminuição de *lead times*, a adoção de processos de operação mais flexíveis e a personalização de produtos (montagem final nos distribuidores), a fim de reduzir os custos logísticos totais e atender às necessidades dos clientes em relação a preços, prazos e serviços.

> Um exemplo relativo à personalização de produtos para os clientes é a montagem de acessórios nas revendedoras pela indústria automobilística: o automóvel é finalizado tendo como base a especificação do cliente diante de um portfólio de alternativas disponíveis. Outro exemplo é a utilização de máquinas *tinting* em lojas de materiais de construção, as quais atendem ao cliente final ao preparar a tonalidade de tinta que ele deseja, o que representa uma personalização extrema. Esse processo possibilita a padronização da produção de tintas somente na cor branca e o uso de corantes especiais para sua personalização.

1.2.4 Integração logística em cadeias de suprimentos

Os conceitos de ACS e de logística integrada, muitas vezes entendidos como similares, apresentam como diferença o fato de que a primeira envolve mais de uma organização na configuração de uma cadeia produtiva e a segunda corresponde à gestão dos componentes logísticos de forma conjunta e inter-relacionada. O fluxo de movimentação física passa a ser gerenciado por um fluxo de

---

[3] Consiste em uma estratégia logística de entrega/recebimento de peças e sistemas exatamente no tempo de sua utilização.

informações em tempo real e viabilizado por um fluxo financeiro com a interligação de fornecedores e compradores.

A logística pode ser definida, de forma simples, conforme proposto por Copacino (1997, p. 32, tradução nossa), como a "administração do fluxo de produtos, da fonte ao ponto de uso" e o desenvolvimento das estratégias logísticas com base em quatro dimensões interdependentes: **implantação, operacional, estrutural** e **estratégico**. Note que as fronteiras dessas dimensões são tênues, pois dependem de sua posição na estrutura organizacional, sendo importante a visão da inter-relação dos componentes logísticos e sua gestão integrada.

1.2.5 Ambiente empresarial e logística integrada

Um dos mantras da administração pode ser assim sintetizado: as mudanças atuais e profundas nas relações econômicas entre empresas ou países se refletem no acirramento da concorrência e no aumento do grau de exigências dos consumidores. Essa situação é real e acontece tanto no nível local como no global. Nas atividades logísticas, isso não poderia ser diferente, como apontado por Moeller (1994):

- As **condições de concorrência por preço, qualidade, prazos e serviços** têm a logística como fator básico para seu atendimento.
- O **desenvolvimento tecnológico** e as **inovações**, inclusive da informática, criam novas oportunidades e mudam as condições de produção e de inter-relacionamento, até mesmo logístico, entre as empresas. A tecnologia é entendida como fonte de vantagem competitiva.
- A **estrutura dos setores** é alterada para uma atuação globalizada, na direção da empresa virtual. As cadeias de suprimentos se direcionam para parcerias com a logística dos fluxos de materiais como fator de integração.
- A **pesquisa** e a **introdução de novas tecnologias** de produção geram novos paradigmas de processos e da administração como um todo, inclusive na área operacional, implicando novos desafios para os gerentes e os profissionais de logística.
- A **dimensão *tempo* reduzida**, ou seja, a dinâmica dos fluxos de materiais e produtos, suas incertezas inerentes e mudanças constantes, exige a capacidade de criar estruturas logísticas novas e mais robustas.

Assim, a logística tem sua visão ampliada, o que integra todo o ciclo de vida dos produtos, que parte da entrega de matérias-primas e componentes pelos fornecedores, passa pelos processos produtivos, pelos canais de distribuição e pelas consequências pós-uso, até chegar à logística reversa, englobando a coleta seletiva, a reciclagem de materiais e a disposição adequada de resíduos.

> Atualmente, nas cadeias logísticas, a **logística reversa** abrange a retirada ou a troca de produtos com defeito ou vencidos e, no pós-consumo, a coleta e a destinação dos resíduos relativos a embalagens, sobras e produtos descartados, ou seja, o processo inclui a reciclagem.

O Quadro 1.1 resume a evolução do foco da logística na sua correlação com o ambiente empresarial e os principais focos setoriais.

Quadro 1.1 – Tendências do ambiente de negócios e do foco da logística

Período	Ambiente	Focos setoriais	Foco da logística
Década de 1950	Produção/volume	Custos	Estoques
Década de 1960	Vendas/*marketing*	Serviços	Distribuição
Década de 1970	Disposição de capital	Lucratividade	Produção
Década de 1980	Competição	Qualidade	Compras/produção/vendas
Década de 1990	Globalização, parcerias, ecologia	Tempo	Processo de negócios
Após anos 2000	Economias globalizadas, *e-commerce*, mudanças constantes e tempos menores	Valor aos clientes e aos acionistas	Serviços integrados e informações em tempo real

Fonte: Adaptado de Moeller, 1994, p. 6, citado por Robles, 2001, p. 27.

Da mesma forma, as transformações da economia mundial fizeram com que outras funções nas organizações também evoluíssem. Na área de **produção**, a fabricação em massa foi ligada à era de vendas dos anos 1930 aos anos 1950, com o uso disseminado da produção em série e de técnicas de vendas agressivas, a chamada *produção empurrada*. Essa prática deu lugar à produção personalizada e voltada para o atendimento de pedidos firmes dos clientes, conhecida como *produção puxada*.

As estratégias de *marketing* também evoluíram, e as empresas passaram a valorizar as necessidades dos clientes, buscando formas de retê-los por uma prestação de serviços que adicionasse valor aos produtos.

A partir dos anos 1970, a forte globalização exigiu uma postura multidisciplinar para as atividades de comercialização em um ambiente mais complexo, cujas transações envolviam movimentações a grandes distâncias e com tempos maiores, ao lado da necessidade de entendimento e atendimento de culturas diferentes, com o uso de moedas e legislações diferenciadas. Assim, alteram-se o escopo da logística.

1.2.6 Evolução do escopo da logística

A administração de empresas empresta alguns termos da ciência militar para aplicação no **planejamento**, na **disposição de recursos** e na **obtenção de resultados**. São eles:

- **Estratégia**
    - **Militar** – "1. arte de coordenar a ação das forças militares, políticas, econômicas e morais implicadas na condução de um conflito ou na preparação da defesa de uma nação ou comunidade de nações. 2. parte da arte militar que trata das operações e movimentos de um exército, até chegar, em condições vantajosas, à presença do inimigo" (Houaiss; Villar, 2001).
    - **Administração** – "Ações ofensivas ou defensivas para criar uma posição defensável em um setor econômico, para enfrentar com sucesso suas forças competitivas e, assim, obter retorno maior sobre o investimento da empresa" (Porter, 1986, p. 49).
- **Tática**
    - **Militar** – "1. parte da ação da arte da guerra que trata de como proceder durante um combate ou batalha. 2. arte de dispor e manobrar as tropas no campo de batalha para conseguir o máximo de eficácia durante um combate" (Houaiss; Villar, 2001).

- **Administração** – Refere-se a ações de curto prazo e é predominantemente quantitativa. Abrange decisões administrativas e operações que visam à eficiência (resultados) da organização (Fischmann, 1990, p. 25).
- **Logística**
  - **Militar** – "1. organização teórica da disposição, do transporte e do abastecimento de tropas em operação militar" (Houaiss; Villar, 2001).
  - **Administração** – "Administração do fluxo de produtos da fonte ao ponto de uso" (Copacino, 1997, p. 32, tradução nossa).

De forma semelhante a outras áreas da administração, o estudo da logística e das cadeias de suprimentos apresenta alguns autores fundamentais, entre eles **Ronald H. Ballou, Donald J. Bowersox, David Frederick Ross, Douglas M. Lambert** e **James R. Stock**, cujas abordagens são apresentadas nas seções a seguir.

1.2.6.1 A LOGÍSTICA SEGUNDO BALLOU

Ronald H. Ballou é um dos autores mais utilizados pelos estudiosos das questões logísticas e da gestão das cadeias de suprimentos, principalmente nos cursos da área de engenharia. É ele o responsável pela definição de que a missão da logística é "providenciar bens ou serviços corretos, no lugar certo, no tempo exato e na condição desejada ao menor custo possível" (Ballou, 1993, p. 38). Dessa proposição, derivou o conceito que sustenta os 7Cs (em inglês, *Seven Rights* – 7Rs), qual seja: a logística tem como missão garantir a **disponibilidade** do produto certo, na **quantidade** certa, na **condição** certa, no **lugar** certo, no **momento** certo, para o **cliente** certo e ao **custo** certo (Robles, 2001).

O autor associou o desempenho da logística ao dos resultados das organizações, evidenciando sua função estratégica, e propôs a categorização das atividades logísticas em atividades-chave e de apoio, conforme ilustra o Quadro 1.2.

Quadro 1.2 – Categorização das atividades logísticas

ATIVIDADES-CHAVE	ATIVIDADES DE APOIO
Padrões de serviço aos clientes em conjunto com a área de *marketing* • Determinação das necessidades e desejos dos clientes com relação aos serviços logísticos; • Determinação da resposta do cliente ao serviço; • Estabelecimento dos níveis de serviço aos clientes.	**Armazenagem** • Determinação de espaço; • *Layout* de estocagem e projeto de docas (*dock*); • Configuração de armazém; • Localização de estoques.
Transporte • Seleção do modo e serviços de transportes; • Consolidação de cargas; • Roteirização de transportadores; • Programação de veículos; • Seleção de equipamentos; • Processamento de reclamações; • Auditoria de impostos e tarifas.	**Manuseio de materiais** • Seleção de equipamentos; • Políticas de substituição de equipamentos; • Procedimentos de realização (*picking*) de pedidos; • Armazenamento e recuperação de estoque.
Gerenciamento de inventário • Políticas de estocagem de matérias-primas e produtos acabados; • Previsões de vendas de curto prazo; • Composto (*mix*) de produtos nos pontos de estocagem; • Número, tamanho e localização dos pontos de estocagem; • Estratégias de *just-in-time*, "empurrar" e "puxar" produção.	**Compras** • Seleção da fonte de suprimento; • Oportunidade (*timing*) de suprimento; • Quantidades de compra. **Embalagem para proteção** Projeto para: • Manuseio; • Estocagem; • Proteção contra perdas e danos.
Processamento de pedidos • Procedimentos de interface entre vendas e pedidos de inventário; • Métodos de transmissão de informações de pedidos; • Regras de elaboração de pedidos.	**Cooperação com a produção para** • Especificação de quantidades agregadas; • Sequenciamento e tempo do resultado da produção; • Manutenção das informações; • Coleta, armazenamento e manipulação de informações; • Análise de dados; • Procedimentos de controle.

Fonte: Adaptado de Ballou, 2001, citado por Robles, 2001, p. 30.

Ballou (2001) também identificou as inter-relações das atividades de logística com as de produção e *marketing*, demonstrando que a logística deixa de ser complementar a essas atividades ao assumir sua função estratégica.

Quadro 1.3 – Inter-relações das atividades logísticas com as de produção e *marketing*

Produção/Operações	Logística e produção	Logística	Logística e marketing	Marketing
Controle de qualidade	Programação de produto	Transporte	Padrões de serviços aos clientes	Promoções
Programação detalhada da produção	Localização das fábricas	Manutenção de estoques	Precificação	Pesquisas de mercados
Manutenção de equipamentos	Compras/Suprimentos	Processamento de pedidos	Embalagem	Composto de produtos
Planejamento da capacidade		Armazenamento	Localização do varejo	Administração da força de vendas
Projeto de trabalho		Manuseio de materiais		
Medidas e padrões de trabalho				

Fonte: Adaptado de Ballou, 2001, citado por Robles, 2001, p. 31.

Ao caracterizar a divisão funcional da logística, o estudioso associa a ela desde a **gestão de materiais** – ou seja, o fluxo físico de matérias-primas e peças ao longo do processo produtivo, incluindo os estoques de produtos semiacabados e produtos prontos – até sua **distribuição**, que é o encaminhamento aos clientes intermediários e finais.

Na inter-relação com a área de *marketing*, a logística é uma das variáveis controladas de *marketing*, conforme aponta Kotler (2000). O composto de *marketing* (*marketing mix*) se refere à gestão conjunta dos 4Ps: **produto** (*product*), **promoção** (*promotion*), **preço** (*pricing*) e **distribuição** (*place*). Alguns autores traduzem *place* como praça, para manter o acrônimo 4Ps.

> A logística de distribuição corresponde ao conceito de *place* exposto por Kotler (2000), ou seja, o produto deve ser entregue aos clientes na forma combinada, e essa entrega adiciona valor pela embalagem, pelo lugar e pelo tempo certos.

A extensão da dimensão da logística na interface com fornecedores e compradores na conceituação da ACS fica mais evidenciada nas obras de Bowersox e Ross, apresentadas na seção seguinte.

Perguntas & respostas

Como a logística se destaca no composto (*mix*) de *marketing*, também conhecido como *4Ps*?

A logística se apresenta nos grupos *produto* e *praça/distribuição*. Não existe, atualmente, um produto sem um serviço acoplado (por exemplo, entrega conforme acordado, embalagem adequada, rastreabilidade do encaminhamento, montagens, serviços técnicos de manutenção etc.). Como vemos, a maioria desses atributos faz parte dos serviços das áreas de logística. No composto *praça/distribuição*, a logística está na gestão de canais de distribuição, sortimentos, gestão de inventários, formas de transporte, entre outros itens.

1.2.6.2 A logística segundo Bowersox

Em 1974, Donald J. Bowersox apresentou uma definição de logística ainda restrita à concepção mais tradicional. De acordo com o autor, a logística se constitui no "processo de gerenciamento de todas as atividades necessárias para movimentar estrategicamente matérias-primas, peças e componentes e produtos acabados de vendedores, entre instalações de empresas para consumidores", e a gestão logística tem como função "projetar e administrar um sistema para o controle do fluxo de material, peças e componentes e dos estoques de produtos acabados, de forma a maximizar o benefício da empresa" (Bowersox, 1974, citado por Robles, 2001, p. 32).

Mais recentemente, Bowersox e Closs (1996, p. 5, tradução nossa) definiram a gestão logística como "O projeto e administração de sistemas para controlar o fluxo de material, produtos em processamento e os estoques de produtos acabados para apoiar a estratégia de uma unidade de negócio". Nesse sentido, os autores ressaltam a função estratégica da logística e admitem o papel fundamental do fluxo de informações ao longo das cadeias de suprimentos. Essas informações são geradas com base nas relações comerciais de venda, pedidos e previsões que subsidiarão a formulação dos planos de produção e os programas de compras e suprimentos.

A proposição de Bowersox e Closs (1996) pode ser ilustrada por meio da constatação empírica de que o profissional de logística lida com fluxos físicos de materiais, peças, componentes e produtos, mas é a **informação** o ar que ele respira, ou seja, a localização do produto, com quem está, sua condição, a previsão de entrega, o local onde essa entrega será feita etc.

As inter-relações externas às empresas, isto é, os **fornecedores**, em seus diversos níveis – nível 1 (*tier* 1), nível 2 (*tier* 2), fornecedor do fornecedor, e assim por diante –, os **distribuidores**, os **consumidores** e o **caminho do produto ao cliente final**, correspondendo a fluxos físicos e de informação, constituem a base do conceito de ACS, conforme mostra a Figura 1.3, proposta por Bowersox, Closs e Cooper (2006).

Figura 1.3 – Fluxos logísticos e macroprocessos nas cadeias de suprimentos

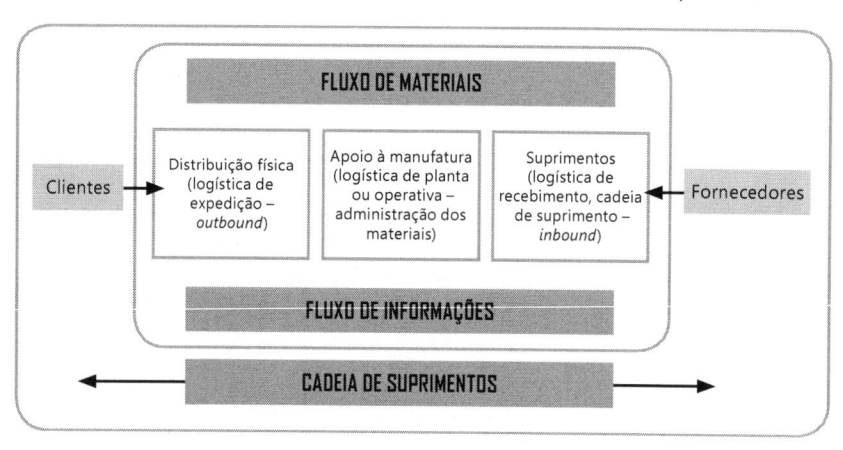

```
┌─────────────────────────────────────────────────────────────┐
│                    FLUXO DE MATERIAIS                       │
│  ┌──────────┐  ┌────────────┐  ┌────────────┐  ┌──────────┐ │
│          │ Distribuição │ Apoio à      │ Suprimentos  │          │
│ Clientes │ física       │ manufatura   │ (logística de│ Fornece- │
│          │ (logística   │ (logística   │ recebimento, │ dores    │
│          │ de expedição │ de planta ou │ cadeia de    │          │
│          │ – outbound)  │ operativa –  │ suprimento – │          │
│          │              │ administração│ inbound)     │          │
│          │              │ dos materiais)│             │          │
│                    FLUXO DE INFORMAÇÕES                     │
│                    CADEIA DE SUPRIMENTOS                    │
└─────────────────────────────────────────────────────────────┘
```

Fonte: Adaptado de Bowersox; Closs; Cooper, 2006, p. 34.

Aparentemente, o esquema da Figura 1.3 encontra-se invertido, mas essa disposição é intencional: os autores ilustram o conceito da **produção puxada** (*pull*), em que a cadeia de suprimentos é orientada dos clientes para a produção e os fornecedores. Essa condição constitui-se em um desafio para as áreas de logística das empresas, pois o *lead time* se reduz e seu atendimento implica a adoção dos princípios da produção enxuta (*lean*), conforme visto anteriormente.

> Relações mais estreitas com fornecedores, redução de estoques ao longo da cadeia de suprimentos e personalização de produtos aumentam a complexidade da gestão logística e explicitam sua inter-relação com as áreas de *marketing* e de produção.

A Figura 1.3 destaca os macroprocessos da logística propostos por Bowersox, Closs e Cooper (2006), quais sejam: distribuição física (*outbound logistics*), apoio à manufatura (*plant logistics*) e suprimentos (*inbound logistics*), assim definidos:

- **Distribuição física (*outbound logistics*)** – Engloba ações para a entrega de produtos e serviços, a fim de "contribuir para a geração de receitas, fornecendo níveis de serviços desejados pelos clientes ao menor custo total possível" (Bowersox; Closs; Cooper, 2006, p. 53), o que envolve recebimento e processamento de pedidos, localização e condição de inventários, estocagem e manuseio de produtos e seu transporte para atendimento aos canais de distribuição.
- **Apoio à manufatura (*plant logistics*)** – É o planejamento, a programação de disponibilização no tempo certo, *layout* e apoio às operações, envolvendo programação e armazenagem de materiais em processo, seu manuseio, transporte e programação da utilização de componentes e sua estocagem nos locais de produção, sendo que os autores ressaltam a responsabilidade de uma "flexibilidade máxima na coordenação geográfica e final de montagens ou transformações postergadas (*postponement*) entre as operações de produção e distribuição física" (Bowersox; Closs; Cooper, 2006, p. 53).
- **Suprimentos (*inbound logistics and procurement*)** – É a obtenção de produtos e materiais de fornecedores externos, com "a compra mais oportuna ao menor custo total possível", compreendendo o planejamento de recursos, levantamento de fornecedores, negociação, colocação de pedidos, transporte para a empresa, recebimento e inspeção, armazenagem e manuseio e garantia de qualidade (Bowersox; Closs; Cooper, 2006, citados por Robles, 2001).

Dessa forma, concluímos que a ACS gerencia fluxos físicos de produtos desde a fonte ao ponto de uso, apoiada em fluxos de informação e viabilizada por fluxos financeiros.

Perguntas & respostas

O que são macroprocessos logísticos?

No conceito de logística integrada, os macroprocessos logísticos se referem à logística de suprimentos (*inbound logistics*), à logística de planta (*plant logistics*) e à logística de distribuição (*outbound logistics*). A primeira trata do recebimento, da guarda e da disposição de matérias-primas, peças e subsistemas para uso; a segunda é responsável pela recuperação e disponibilização de materiais nas linhas de montagem ou de produção; e a terceira, pelo encaminhamento de produtos acabados devidamente embalados e endereçados para os clientes.

I.2.6.3 A logística segundo Ross

A abordagem de David Frederick Ross (1998) identificou dois segmentos na gestão logística, em uma abordagem tradicional que levou à sua conceituação de integração logística. São eles:

1. **Administração de materiais** – É composta de fluxos materiais e de informações e materiais para a produção em um conjunto de funções de apoio, o que envolve planejamento, aquisição e controle de estoques em todos os estados, desde a fabricação até a entrega de produtos acabados aos canais de distribuição. Essas funções, por sua vez, compreendem:
    - **aquisição de produtos** – gestão de fornecedores, compras, recebimento, garantia de qualidade e de prazos e condições de entrega;
    - **gestão de estoques** – recebimento e manuseio de materiais e seu armazenamento, estoques em processo, processamento de transformação e entrega dos produtos aos canais de distribuição.
2. **Administração da distribuição física** – Envolve armazenamento e movimentação de produtos acabados, incluindo armazenagem, embalagem de produtos, expedição (embarques), transporte, avaliação da localização de armazéns ou centros de distribuição e gerenciamento de devoluções.

Ross (1998) apresenta, de forma esquemática, as possibilidades de agregação de valor nas atividades logísticas, seja na área de produção (primeiro segmento), seja na área de *marketing* (segundo segmento), conforme ilustra o Quadro 1.4.

Quadro 1.4 – Administração logística

Administração de materiais	Administração da distribuição física
Compras – Gerenciamento de estoques	Armazenagem – Estoques de produtos acabados
Recebimento – Manuseio de materiais	Transporte – Gerenciamento dos canais de suprimento
Produção – Processo de agregação de valor	Projeção das vendas – Processamento de pedidos/serviços

Fonte: Adaptado de Ross, 1998, citado por Robles, 2001, p. 35.

De forma análoga, o esquema proposto por Ross (1998) e por Bowersox, Closs e Cooper (2006) divide o processo logístico em quatro conjuntos de atividades funcionais, como segue:

- **a logística a montante** (*inbound logistics*), incluindo projeções de vendas, planejamento de estoques, licitação e aquisições e o transporte à fábrica;
- **as atividades de processamento** (*processing activities*), constituindo na produção, no processamento para adição de valor, gerenciamento dos estoques de produtos semiacabados e o armazenamento de produtos acabados;
- **as atividades a jusante** (*outbound activities*), referindo-se ao gerenciamento dos estoques de produtos acabados, de pedidos dos clientes, e o transporte para fora da empresa ou entre empresas, e
- **as atividades de apoio** (*support activities*), ou seja, o planejamento de sistemas logísticos, a engenharia logística e o controle logístico. (Ross, 1998, citado por Robles, 2001, p. 36, grifo nosso).

Ross (1998) apontou ainda a dimensão da logística integrada estendida à atividade empresarial como um todo e inserida no conceito de ACS, que compreende três dinâmicas inter-relacionadas:

- uma técnica de gerenciamento de operações que capacita as empresas a se mover além de simplesmente integrar as atividades logísticas, para a otimização integral das funções empresariais – marketing, produção, finanças e logística – de modo a se tornarem estreitamente integradas para formar a base de um sistema único de negócios;

- método de gerenciamento de canais que busca estender o conceito de logística integrada para o desempenho de atividades logísticas complementares pelos fornecedores no lado dos insumos e pelos clientes no lado dos produtos ao longo da cadeia de suprimentos ("pipeline");
- a ACS representa uma abordagem totalmente nova e, talvez, a estratégia atual mais poderosa para alavancar significativamente capacidades e capacitações para inovações potencializadas, quando empresas individuais componentes de um sistema de cadeia de suprimentos se fundem numa entidade competitiva única. (Ross, 1998, p. 332, citado por Robles, 2001, p. 36-37).

Essas dinâmicas explicitam, mais uma vez, o caráter estratégico da logística, que, na inter-relação com os canais de distribuição, incorpora serviços (valor) aos produtos e, na relação entre os participantes, ao longo da cadeia produtiva, configura essa cadeia de suprimentos como uma única entidade competitiva. Nesse sentido, Ross (1998) define ACS como uma

> filosofia gerencial em evolução, que busca unificar num sistema de suprimentos altamente competitivo e agregador de benefícios aos clientes, competências e recursos produtivos coletivos das funções administrativas encontradas tanto na empresa como fora dela, nos seus parceiros de negócios localizados ao longo da interseção dos canais de suprimentos, focando o desenvolvimento de soluções inovadoras e a sincronização dos fluxos de produtos, serviços e de informações de mercado para criar fontes individualizadas e únicas de valor para os clientes. (Ross, 1998, p. 332, citado por Robles, 2001, p. 37)

É importante ter sempre em mente que os macroprocessos logísticos e seus componentes não devem ser gerenciados de forma isolada, mas com foco em sua integração e inter-relação. Lembre-se de que a logística de distribuição (*outbound*) de um fornecedor é a logística de suprimentos (*inbound*) de um comprador.

1.2.6.4 A logística segundo Lambert e Stock

Douglas M. Lambert e James R. Stock (1999) definem a administração integrada da logística como o tratamento de suas diversas atividades (componentes) na forma de um **sistema integrado**. Na opinião deles, quando as empresas não adotam essa abordagem sistêmica, a logística torna-se um conjunto de atividades fragmentadas e desordenadas, pulverizadas dentro de diversas atividades organizacionais e dificilmente capazes de agregar o valor esperado pelos clientes.

A Figura 1.4 apresenta um modelo conceitual básico de integração logística, conforme proposto por Lambert e Stock (1999), no qual se destacam as inter-relações entre seis componentes da logística e sua influência nos serviços prestados aos clientes.

Figura 1.4 – Modelo conceitual da logística integrada

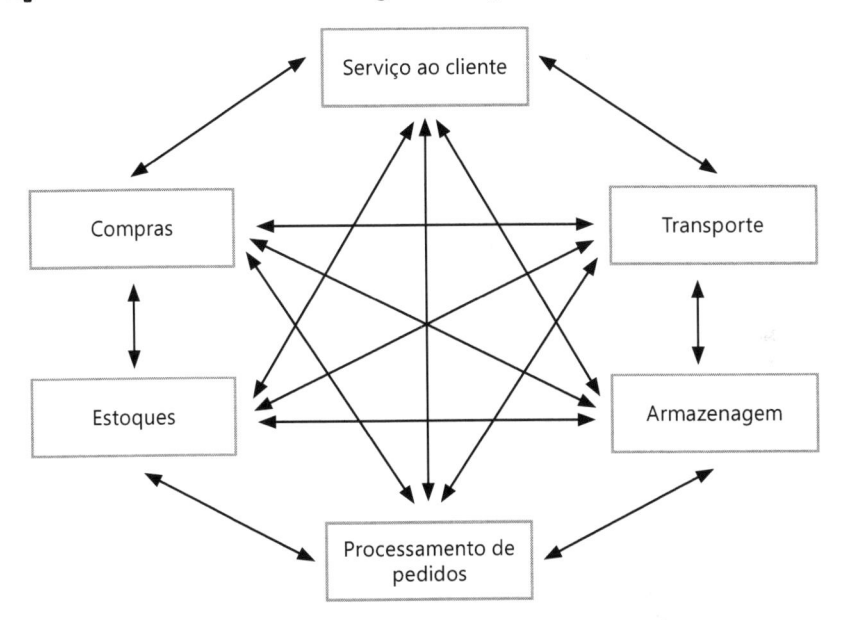

```
                  Serviço ao cliente
                  ↑
        Compras ←→ Transporte
               ╳
        Estoques ←→ Armazenagem
                  ↓
             Processamento de
                 pedidos
```

Fonte: Adaptado de Lambert; Stock, 1999, p. 42. tradução nossa.

Lambert e Stock (1999) destacam ainda a logística como parte do composto (*mix*) de *marketing*, ou seja, dos 4Ps, correspondendo à distribuição (*place*), que é a forma como os produtos chegam aos clientes, envolvendo a coordenação e o controle dos canais de distribuição.

1.2.7 Logística e valor aos clientes

Um dos conceitos mais importantes da ciência da administração é o de **valor**, que implica a referência a **quem o usufrui** ou **a quem é oferecido**. Ou seja, o valor ao cliente é o benefício ou o atributo agregado a um produto ou serviço de uma forma que ele o perceba e o valorize, como uma entrega rápida, uma marca reconhecida ou uma embalagem adequada. Já o valor aos acionistas se refere à **rentabilidade** e à **segurança** de retorno de determinado investimento em ações ou em uma empresa.

Outro conceito usual é o de valor aos economistas, que é o valor adicionado, representado pela diferença entre o preço pago por insumos e o obtido após sua transformação em produto entregue aos consumidores.

A logística, do ponto de vista dos clientes, é responsável pela **agregação de valor aos produtos**, isto é, o produto é disponibilizado para uso ou consumo em determinado lugar, forma, tempo e custo, conforme aponta Christopher (2007). Esse valor corresponde à redução dos tempos e ao aumento da confiabilidade das entregas, reduzindo custos com estoques de segurança e despesas com o manuseio de produtos de uma forma que seja percebida e valorizada pelos clientes, conforme mostra a Figura 1.5.

Figura 1.5 – A logística e o valor para o cliente

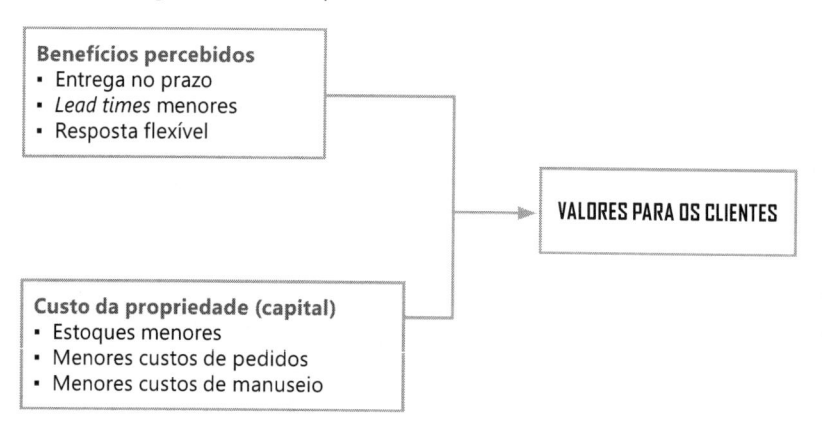

```
┌─────────────────────────────┐
│ Benefícios percebidos       │
│  • Entrega no prazo         │
│  • Lead times menores       │─────┐
│  • Resposta flexível        │     │
└─────────────────────────────┘     │
                                    ├──►  ┌──────────────────────┐
                                    │     │ VALORES PARA OS CLIENTES │
┌─────────────────────────────┐     │     └──────────────────────┘
│ Custo da propriedade (capital)│   │
│  • Estoques menores         │────┘
│  • Menores custos de pedidos│
│  • Menores custos de manuseio│
└─────────────────────────────┘
```

Fonte: Adaptado de Christopher, 2007, citado por Robles, 2001, p. 38.

A concepção é a do **produto ampliado**, conforme apresentado por Kotler (2000): do ponto de vista do cliente, os serviços logísticos se incorporam aos produtos e são percebidos como parte deles e, na medida em que são singulares, ou seja, se os concorrentes não os reproduzem, agregam valor e constituem fontes de vantagens competitivas.

A agregação de valor logístico deve ocorrer ao longo das cadeias de suprimentos, com os agentes envolvidos (de expedidores a encarregados pelo recebimento de produtos/serviços) conscientes de que, nessa concepção, o processo logístico assume características diferenciadas, isto é, os clientes têm de se preparar para uma nova maneira de operação – a imagem de elos de uma corrente representa essa inter-relação entre os componentes da cadeia de suprimentos.

> Na indústria automobilística, a relação entre fornecedores e montadoras é determinada pelas montadoras; assim, os fornecedores necessitam se organizar para a expedição de peças e componentes com embalagem, acessos de veículos e prontidão das cargas nos tempos (dia e hora) acordados. De forma semelhante se dá a relação com grandes redes de supermercados, em que a reposição de produtos nas gôndolas é de responsabilidade dos fornecedores, assim como o controle de estoques e variedade de produtos nas lojas.

A gestão dos fluxos de informação e a coordenação de sistemas de informação e de comunicação nas cadeias de suprimentos são partes fundamentais da adição de valor logístico. No caso de bens de consumo e varejistas, esses sistemas e processos são conhecidos como *efficient consumer response* (ECR), ou *resposta eficiente ao consumidor*, em português, os quais serão abordados com mais detalhes adiante.

Copacino (1997, p. 19, tradução nossa) define os sistemas ECR como "uma estratégia de distribuição, concebida para integrar e racionalizar o abastecimento e a promoção de produtos, o desenvolvimento de novos produtos e a disponibilização de produtos ao longo da cadeia de suprimentos".

O ECR diminui os custos de distribuição ao reduzir estoques, tempos de suprimentos e de processamento de pedidos (levantamento, registros, controles financeiros, procedimentos de expedição e recontrole). Em relação aos custos de transporte, essa redução não é determinística, pois pode ocorrer o aumento do número de lotes de entrega e de manuseio de produtos. No entanto, eventuais acréscimos de custos são compensados pela redução de outros custos (*trade-offs*). Além disso, o ECR possibilita o planejamento, a gestão e o controle integrados de fornecedores e distribuidores por meio de contratos de médio e longo prazos e melhores condições de atendimento aos mercados.

Outros sistemas de informação podem estar associados ao ECR, como o *electronic data interchange* (EDI), que troca informações entre os agentes de uma cadeia de suprimentos para a coordenação de ações que evoluam para a concepção conjunta de sistemas logísticos, conforme veremos mais adiante no estudo sobre a tecnologia da informação (TI) aplicada às cadeias de suprimentos.

1.2.8 Logística integrada ou administração da cadeia de suprimentos (ACS)?

Os conceitos de logística integrada e de ACS são intercambiáveis e podem ser considerados sinônimos, dependendo do uso e do autor de referência. Assim, podemos entender que esses dois conceitos se referem a um conjunto de ações que criam valor competitivo ao incorporar serviços logísticos aos produtos, conforme mencionado. Esse valor competitivo advém da percepção de um produto ampliado e diferenciado (valor) pelos clientes, ao permitir a obtenção do melhor custo operacional e de produtividade dos recursos na utilização da capacidade produtiva, reduzindo estoques ao longo das cadeias de suprimentos por meio da inter-relação e até da interdependência de fornecedores e clientes.

> A ACS representa a forma pela qual as organizações têm se posicionado estrategicamente na inter-relação com fornecedores e distribuidores e na caracterização de cadeias de valor pela implantação de sistemas de informações gerenciais integrados, de modo a possibilitar a padronização e a racionalização de procedimentos e de seu controle.

A Ernst & Young, atual EY, uma empresa de consultoria empresarial internacional, define ACS, com a incorporação de sistemas informacionais, da seguinte forma:

> Administração da Cadeia de Suprimentos se constitui num processo alinhado ("end-to-end") numa empresa que coordena o gerenciamento de fluxos de materiais, informação, recursos financeiros e trabalho desde o fornecedor do fornecedor até o cliente de seu cliente e de volta. Ela cobre todos os canais e agentes da Cadeia de Suprimentos. (Ernst & Young, 1998, p. 2, citado por Robles, 2001, p. 40-41)

A concepção e a operacionalização de cadeias de suprimentos e os procedimentos de inter-relação entre empresas dependem da existência e da atuação de uma empresa líder, ou, como veremos mais à frente, para o caso de redes de negócios, de uma empresa focal, que determinará, de forma compulsória, por seu poder de negociação (ver Modelo das Cinco Forças de Porter), a adesão de fornecedores ou de distribuidores ao modelo de atuação, adaptando suas formas de gestão e operação.

Assim, a configuração de cadeias de suprimentos advém de uma condição negocial atendida pelas empresas envolvidas, e as parcerias e alianças estratégicas, na verdade, ocorrem quando uma das partes ou mais se submetem às exigências das empresas focais (líderes). A relação entre fornecedores e montadoras segue essa condição, tanto no fornecimento de autopeças como na prestação de serviços logísticos, conforme analisa Robles (2001).

1.3 CADEIAS GLOBAIS DE SUPRIMENTOS

Uma realidade no mundo atual, a globalização das economias corresponde aos intercâmbios cultural e social, às atividades econômicas interdependentes e referentes ao comércio de bens e serviços (compra e venda), aos fluxos de capitais e também aos fluxos de trabalho (correntes migratórias) entre países. A ampliação do comércio internacional gerada pela globalização agrega complexidade às operações logísticas e à ACS.

> Denomina-se *global sourcing* o processo de identificação, homologação, participação em certames e contratação de fornecedores localizados em qualquer parte do mundo. Essa prática alterou as formas de suprimentos, uma vez que as empresas passaram a se internacionalizar, seja na venda de produtos e serviços, seja por meio de acordos de participação conjunta, com ou sem participação acionária. Isso ocorre entre empresas localizadas em um só país ou em mais de um, na relação entre matrizes e subsidiárias.

Os negócios nas cadeias globais de suprimentos se materializam por negociações complexas relativas ao comércio exterior, pelas estratégias empresariais de *marketing* internacional e pela logística internacional.

Os importadores e os exportadores localizados em países distantes, com língua, cultura, costumes e normas legais e aduaneiras diferentes, cujas movimentações representam um tempo maior para as transferências de mercadorias, configuram a logística internacional e as cadeias globais de suprimentos como muito mais complexas.

O comércio internacional foi impulsionado, segundo David e Stewart (2010), pela necessidade de trocas mútuas de mercadorias entre os países e pela noção de que o comércio contribui para o bem-estar da população mundial. Dessa forma, os profissionais de logística internacional se apresentam como facilitadores desse processo ao:

- providenciar o transporte de mercadorias entre países, o que pode representar movimentações por longas distâncias;
- identificar as vantagens e desvantagens das alternativas de modos de transporte;
- garantir que as mercadorias sejam embaladas adequadamente;
- providenciar o seguro para essas mercadorias;
- identificar a melhor forma de pagamento pela melhor estratégia de proteção cambial (*hedging*);
- definir as responsabilidades das partes locais e estrangeiras na remessa das cargas;
- providenciar a documentação aduaneira, de acordo com a legislação vigente nos países de compra e venda.

As operações da logística internacional são gerenciadas por um processo estratégico composto por **fluxo físico de aquisição, movimentação e armazenagem de mercadorias, peças e produtos acabados**, com base nos fluxos de informações gerados e intercambiados ao longo das cadeias de suprimentos e viabilizado por fluxos financeiros entre os agentes envolvidos.

Na logística internacional, essas operações são fundamentalmente **intermodais**, em que o transporte intermodal atua como facilitador dos negócios internacionais na integração das operações, desde o ponto de origem até seu destino.

Perguntas & respostas

O que diferencia a logística internacional da logística doméstica?

A logística doméstica (interna) diz respeito às movimentações dentro de um país. No caso do Brasil, ela é realizada principalmente pelo modal rodoviário (caminhões), e as questões fiscais e de comunicação são relativamente mais simples. Outra característica é a flexibilidade maior para solução de eventuais discrepâncias ou avarias que possam ocorrer nos encaminhamentos de produtos. A logística internacional, por sua vez, trata da movimentação de mercadorias entre dois ou mais países. Sua característica básica é ter maior complexidade, haja vista a quantidade de agentes envolvidos e as diferenças de idiomas, moedas, legislações e procedimentos aduaneiros. A distinção mais importante entre as duas logísticas é a consideração de diferenças culturais, pois as pessoas têm diferentes valores, hábitos, costumes e ritos que impactam suas relações interpessoais e de negócios. Por isso, conhecer as características da cultura de uma contraparte estrangeira é essencial para o sucesso dos negócios.

Os terminais têm por finalidade receber as cargas em trânsito (aquelas em meio ao percurso entre a origem e o destino final), aplicando a legislação aduaneira vigente em cada país, de modo que as administrações aduaneiras trabalhem em colaboração com normas comuns e reconhecidas, a fim de garantir a segurança e a facilitação da movimentação de produtos da cadeia logística internacional ao longo das diversas etapas do sistema de comércio global. As questões fiscais e aduaneiras podem determinar a viabilidade ou não de uma operação logística internacional.

A administração de cadeias globais de suprimentos acentua a integração entre os componentes logísticos, com particularidades em relação à escolha do modo de transporte mais econômico, ao uso de embalagens especiais de produtos, à opção por armazenagens intermediárias, à consolidação de cargas, ao uso de equipamentos especiais de movimentação de mercadorias e à importância das questões fiscais e aduaneiras.

O comércio internacional e as cadeias globais de suprimentos têm uma relação direta com a redução de custos do transporte internacional de mercadorias, destacando-se a contribuição significativa do **contêiner** como **embalagem padronizada** e utilizada na consolidação de mercadorias e de uso generalizado nos modais de transportes marítimo e aéreo.

Em relação à globalização das economias, esta mostra-se presente tanto no Brasil como nos demais países. Um dos primeiros setores a praticarem relações econômicas globais, como mencionamos, foi a indústria automobilística, com a introdução do conceito de **carro mundial**, ou seja, a montagem de modelos de automóveis se dá em plataformas comuns e com a utilização de subsistemas (freio, motor, painéis etc.) com origem em diversas partes do mundo. O impacto sobre as atividades logísticas foi tremendo, aumentando o escopo e a complexidade no intercâmbio de partes e componentes entre matrizes e filiais, com a exigência de falha zero e custos mais baixos, conforme destacamos no estudo de caso a seguir.

Estudo de caso

A indústria automobilística

Um dos símbolos do desenvolvimento industrial é a indústria automotiva. Do ponto de vista da análise econômica, ela se apresenta como sinônimo de desenvolvimento econômico (número de veículos/habitante) e como indicador do desenvolvimento tecnológico e industrial de um país.

Os economistas a classificam também como indutora do desenvolvimento, pois, com os setores da informática e da construção civil, essa indústria se destaca por seus efeitos para a frente e para trás (*forward and backward effects*), ou seja, ela mobiliza uma rede de distribuidores e de prestadores de serviços associados (venda de acessórios, oficinas de reparo e reforma, postos de abastecimento etc.) e um conjunto de fornecedores em diversos níveis, desde subsistemas, peças, componentes e serviços, gerando empregos e renda e movimentando recursos na região onde se localiza e, consequentemente, no país – o parque industrial do ABC, que compreende os municípios de Santo André, São Bernardo, São Caetano e Diadema, no Estado de São Paulo, é um caso emblemático desse impacto.

Além de sua importância econômica, a indústria automotiva sempre se mostrou inovadora. Uma das inovações mais significativas foi a implantação das linhas de montagem no processo industrial de automóveis por Henry Ford, na década de 1920, sob o princípio da produção em massa. Recentemente, a indústria automobilística se renovou, revolucionando os processos operacionais, inicialmente no Japão e depois nos Estados Unidos e no restante do mundo, conforme vimos durante a análise do trabalho de Womack e Jones (1998).

O automóvel constitui um bem de consumo durável e imbatível como forma individual de movimentação, pela sua mobilidade, disponibilidade, individualidade e conforto, numa relação de amor entre máquina e proprietário – depois de estacionarmos o veículo, é comum voltarmos para verificar se ele está bem posicionado e em um lugar seguro. O caminhão, por sua vez, também é imbatível pelas suas condições de adaptabilidade a cargas, flexibilidade de percursos e possibilidade do transporte porta a porta, apesar de seu custo energético relativamente maior por unidade transportada se compararmos aos modais ferroviário e aquaviário.

No início dos anos 1980, a indústria automotiva norte-americana, líder mundial, se viu diante da concorrência dos automóveis japoneses, mais econômicos, de qualidade excepcional e grande disponibilidade em modelos e números – isso vindo de um país que os Estados Unidos haviam derrotado e arrasado havia pouco mais de 40 anos. Uma das ações empreendidas, como relatamos, foi a contratação de um grupo de pesquisadores do MIT, que, em cinco anos, desenvolveu um relatório que se transformou em *A máquina que mudou o mundo*, publicado no Brasil em 1992.

De forma sucinta, o estudo identificou que métodos de produção e de controle de qualidade da produção originados nos Estados Unidos foram largamente utilizados nas indústrias japonesas no pós-guerra, principalmente os desenvolvidos por Deming em relação à gestão da qualidade em todas as fases do processo. Nos Estados Unidos, predominava a produção em massa e a opção por economias de escala e de produção "empurrada" aos consumidores. No Japão, país em reconstrução, com carência de recursos em grandes quantidades, com escassez de capital, sem um mercado consumidor importante, mas com intervenção decisiva por parte do governo nos setores industriais, a produção em massa não se aplicava. Um dos marcos desse período é a implantação do Sistema Toyota de Produção (STP), que incorporou as técnicas de Deming aos conceitos de produção "puxada" pela demanda e participação dos operários e, por meio da inter-relação com fornecedores, conseguiu reduzir custos de produção e aumentar significativamente a produtividade.

O modelo japonês de produção industrial se notabilizou com a obra de Taiichi Ohno, *O sistema Toyota de produção: além da produção em larga escala* (em inglês, *Toyota Production System: Beyond Large-Scale Production*), publicado em 1988. Nela são apresentadas as técnicas de *just-in-time* (JIT), círculos de controle da qualidade (CQC), *total quality control* (TQC), *kaikaku* (melhorias pontuais e significativas nos processos produtivos, por exemplo, no *layout*); *kaizen* (melhorias contínuas nos processos produtivos), entre outras.

Essas técnicas foram estudadas e das empresas norte-americanas se espalharam pelo mundo. Podemos afirmar que o Sistema de Produção da Ford (*Ford Production System*) e o Sistema de Produção da Vale (Vale *Production System*) são baseados nos princípios gerais do Sistema Toyota de Produção.

A evolução dessas técnicas e sua extensão a setores industriais, além das de montagem, consubstanciaram o conceito de *lean thinking*, conforme vimos anteriormente. Um dos fatores que levaram à generalização e à adoção dessas práticas foi, sem dúvida, o barateamento dos sistemas de informática e de telecomunicações, com a implantação de sistemas de intercâmbio de informações em tempo real, como o ECR e o EDI.

Nessa configuração, é importante também a consolidação das práticas do *e-commerce*[4] e, na relação entre empresas, do *business to business* – B2B. Mais uma vez, a indústria automotiva se apresenta como inovadora, com as montadoras implantando relações compartilhadas de compra e a técnica do leilão eletrônico reverso

---

4   O *e-commerce* tem uma dimensão para a relação com consumidores no mercado B2C (*business to consumer*) e outra, muito importante, nas relações comerciais entre empresas B2B (*business to business*).

para suprimentos de peças e material indireto de produção. Na ponta dos compradores, os sítios das revendedoras oferecem a possibilidade de compra e escolha do modelo de automóvel e dos acessórios que serão nele incorporados.

O *lean production* define a estratégia básica da área de produção com a agregação de valor aos produtos e a redução (maior possível) de estoques ao longo da cadeia produtiva, eliminando retrabalhos, prevenindo falhas e reorganizando atividades. A implantação da produção enxuta deve ser feita na cadeia produtiva como um todo, pois não se trata de transferência de estoques entre seus componentes, mas de sua racionalização e redução.

No Brasil, até de forma inédita, algumas montadoras implantaram formas inovadoras de organização da produção: a do consórcio modular e a do condomínio industrial. Os exemplos mais notórios, conforme mostraremos no Capítulo 5, referem-se à fábrica de caminhões da Volkswagen em Resende, no Rio de Janeiro, à da General Motors (GM) em Gravataí, no Rio Grande do Sul, e à da Ford em Camaçari, na Bahia.

Essas inovações na organização dos processos produtivos são motivadas pelos objetivos de reduzir custos fixos de produção e custos totais logísticos e obter, com a localização dos principais fornecedores (sistemistas) no sítio da empresa montadora, maior flexibilidade e agilidade de suprimentos, em uma inter-relação mais estreita com fornecedores de componentes ou de serviços, os quais passam a ser responsáveis por parcelas significativas dos processos produtivos de montagem.

Nesse contexto, os automóveis começam a ser montados em uma plataforma única e mundial, e as partes de montagem agregam mais componentes, que passam a ser sistemas, ou seja, painéis e chassis completos, pneus e rodas montados, etc. Em outras palavras, os fornecedores começam a produzir sistemas e conjuntos completos no sítio industrial, com fornecimentos coordenados aos programas de produção.

A internacionalização das operações das empresas se apresenta, também, pela incorporação de serviços prestados por organizações separadas e pela estratégia das montadoras de contratação de um só operador logístico (*one-stop shopping*). A fábrica da Ford na Bahia tem um único operador logístico (*full logistic provider*), responsável por todo o processo logístico da planta. Esse operador constitui uma *joint venture*[5] entre operadores logísticos internacionais e nacionais.

A indústria automobilística, pioneira no estabelecimento de práticas logísticas avançadas, tem no sistema *JIT* um exemplo claro de suprimentos associados a uma prestação de serviços diferenciada, com a entrega condicionada ao *timing* da programação de produção, assim como a embalagem adequada para eventual encaminhamento à linha de montagem.

O *JIT* é um procedimento que também está presente na movimentação entre países; nesse caso, peças e sistemas são embalados em contêineres em uma ordem em que não se necessite de desembalagem, armazenagem intermediária e novos preparos para posicionamento nas linhas de montagem.

Na indústria, é comum, ainda, o transporte em contêineres de conjuntos denominados CKD (*completely knock-down* ou *complete knock-down*) e SKD (*semi knock-down*)[6], ou seja, o modelo de automóvel é fabricado em um país e levado a outro para montagem final, e, nesse caso, o carregamento nos contêineres é adequado à utilização dos componentes nas linhas de montagem da empresa receptora.

---

[5] É o empreendimento conjunto entre duas ou mais empresas. Ele pode ser permanente ou temporário e ser voltado para determinada região/país ou ser mundial.

[6] CKD significa que o veículo está completamente desmontado, e SKD quer dizer que ele está semidesmontado. O transporte em partes e em conjuntos objetiva ganhos de produtividade e de frete. Os contêineres são estufados (carregados) na ordem de utilização nas linhas de montagem de destino.

Síntese

Neste capítulo, vimos que a administração de cadeias globais de suprimentos tem sido fundamental para os processos de concorrência na medida em que acentua as vantagens de integração dos componentes logísticos nas tomadas de decisão referentes à escolha do modal de transporte mais econômico, ao uso de embalagens especiais de produtos, à utilização de armazenagens intermediárias, aos tipos de consolidação de cargas, à opção por equipamentos especiais de movimentação de mercadorias, à utilização de sistemas de informação dedicados, à gestão de inventários ao longo das cadeias de suprimentos, assim como no que se refere à importância das questões fiscais e aduaneiras e à consideração das questões ambientais. Além disso, destacamos que as cadeias de suprimentos se materializam por negociações complexas relativas ao comércio exterior, pelas estratégias empresariais de *marketing* internacional e pela logística internacional.

Questões para revisão

1. Sobre as principais abordagens de estratégias competitivas, com impacto na logística, desenvolvidas pelas organizações, assinale a(s) alternativa(s) correta(s):
   a) A determinação da vantagem competitiva, proposta por Porter, com a análise interna das organizações e o uso da ferramenta de cadeia de valores genérica.
   b) O modelo de comportamento do consumidor e suas repercussões, no item *promoção* do composto de *marketing* das organizações.

c) A determinação da *core competence* nas organizações, considerando-se a integração logística como essencial.
d) As redes de negócios e a inter-relação entre organizações, que têm papel fundamental na ACS.
e) As cadeias logísticas, que determinam estratégias competitivas entre cadeias de suprimentos e representam a interação dos agentes responsáveis pelos fluxos físicos de produtos e pelos fluxos de informações.

2. Quais são as diferenças e as semelhanças entre os conceitos de ACS e de logística integrada?

3. Sobre como a administração da integração logística pode agregar valor aos produtos do ponto de vista dos clientes, assinale a(s) alternativa(s) correta(s):
   a) A integração dos componentes logísticos adiciona valor ao assegurar o atendimento às necessidades dos clientes.
   b) Os componentes *transporte*, *armazenagem*, *embalagem* e *manuseio*, gerenciados com base nas trocas compensatórias (*trade-offs*) identificadas e exploradas, contribuem para a obtenção do menor custo total logístico.
   c) Os sistemas de informação atuam ao longo das cadeias de suprimentos para apoiar ações de interação e coordenação dos agentes e na prestação de informações aos clientes, agregando valor aos produtos.
   d) A gestão de inventário, integrada às formas de suprimentos e distribuição, contribui para a redução de custos e para a velocidade nas operações das cadeias de suprimentos.
   e) As questões fiscais e ambientais se mostram importantes do ponto de vista tanto de redução de custo como de atendimento a requisitos legais e a exigências/obrigações das organizações e de seus clientes em relação ao impacto ambiental das operações logísticas.

4. Em relação à função dos sistemas de informação na ACS, assinale a(s) alternativa(s) **incorreta(s)**:
   a) Os sistemas de informação complicam a ACS ao exigirem a introdução e o controle de dados considerados fidedignos.
   b) O profissional de logística se alimenta do fluxo físico de materiais, mas a informação é o ar que ele respira.
   c) A possibilidade de acompanhamento, em tempo real, do processo de transferência (compra – entrega) de produtos não constitui mais vantagem competitiva, mas uma exigência comum nas transações comerciais dos dias atuais.
   d) A disseminação do uso de sistemas de informação e formas de comunicação está relacionada também ao barateamento de suas permissões de uso e a ampliação das possibilidades de realização.
   e) O uso de sistemas de informação é um modismo, e a tendência é que seja substituído por relações pessoais e reuniões presenciais entre os profissionais de logística.

5. Quais são as características das cadeias globais de suprimentos? Quais dificuldades e possibilidades elas propiciam às empresas que as integram?

Para saber mais

Muito se fala que a área de infraestrutura no Brasil carece de planejamento. Em parte, a afirmação é verdadeira. Porém, sob nosso ponto de vista, o que mais faz falta é a realização de planejamento, ou seja, ações concretas de implantação dos projetos de infraestrutura existentes e há muito propostos. O *link* indicado a seguir dá acesso ao Plano Nacional de Logística e Transportes (PNLT), um plano governamental coordenado pelo Ministério dos Transportes (MT) e que tem servido de base para a indicação de ações para outros planos de governo.

BRASIL. Ministério dos Transportes. **Plano Nacional de Logística e Transportes – PNLT**. Disponível em: <http://www2.transportes.gov.br/bit/01-inicial/pnlt.html>. Acesso em: 19 jan. 2016.

O Plano Nacional de Logística Integrada (PNLI) foi desenvolvido pela Empresa de Planejamento e Logística (EPL), uma estatal ligada ao governo federal. O endereço a seguir se refere a uma apresentação feita à Federação das Indústrias do Estado de São Paulo (Fiesp).

PASSOS, P. **O planejamento integrado da infraestrutura.** Disponível em: <www.fiesp.com.br/arquivo-download/?id=147145>. Acesso em: 19 jan. 2016.

O Plano CNT de Transporte e Logística 2014 é outro plano de referência no setor. A Confederação Nacional do Transporte (CNT) o apresentou como subsídio ao planejamento governamental de infraestrutura de transportes.

CNT – Confederação Nacional do Transporte. **Plano CNT de Transporte e Logística 2014.** Brasília, 2014. Disponível em: <http://www.cnt.org.br/Paginas/plano-cnt-transporte-logistica>. Acesso em: 19 jan. 2016.

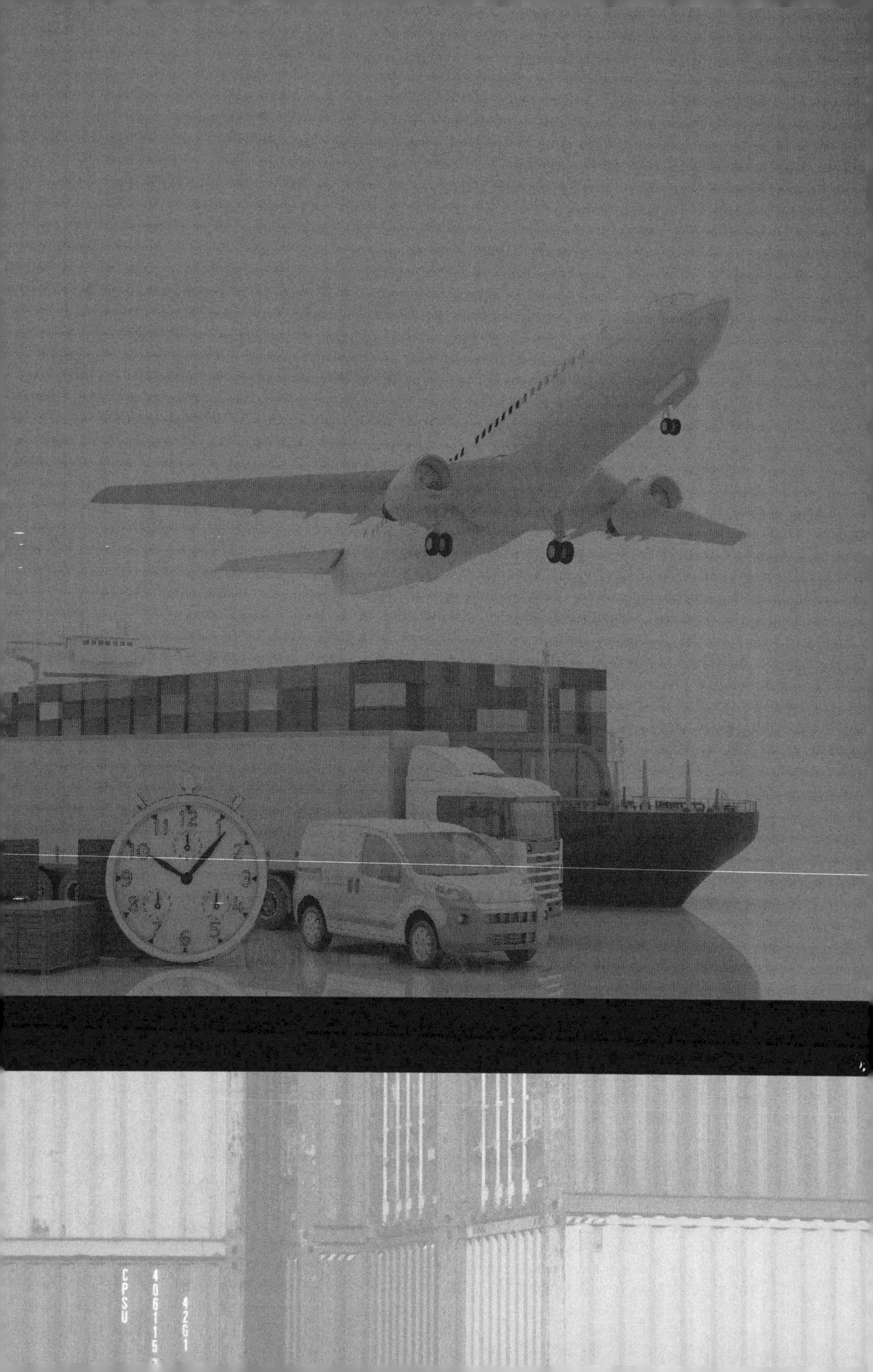
CPSU
406115
4201

Mapeamento de cadeias de suprimentos e integração logística

Conteúdos do capítulo:

- Mapeamento das cadeias de suprimentos.
- Agentes e componentes das cadeias de suprimentos.
- Níveis de serviço aos clientes.
- Custos logísticos, suas trocas compensatórias (*trade-offs*) e custo total na logística.

COMO MENCIONAMOS no capítulo anterior, as cadeias de suprimentos correspondem à inter-relação entre empresas componentes de uma cadeia produtiva e, em geral, são conduzidas por uma empresa com maior poder de negociação, a **empresa focal**, ou seja, aquela que, conforme Seuring e Müller (2008, citados por Carvalho e Barbieri, 2013, p. 233), "estabelece regras ou governa a cadeia de suprimento, mantém contato direto com o consumidor ou projeta os produtos que a cadeia oferece".

A empresa focal tem o poder de influenciar a cadeia na qual está inserida, e essa influência se refere, inclusive, a fatores ligados à estrutura de seu setor econômico, como o grau de concentração, a escala de produção, as barreiras de entrada e o domínio da tecnologia.

> Esse tipo de empresa pode criar incentivos à cooperação e estimular ações que agreguem valor ao longo da cadeia de suprimentos.

No setor automobilístico, as montadoras são consideradas empresas focais, e são elas que determinam as condições de relacionamento ao longo de suas cadeias de suprimentos. Conforme abordamos, o objetivo é a obtenção de vantagens competitivas pela agregação de valor aos clientes e aos acionistas, com melhorias contínuas dos produtos e reduções de custos e tempos de atendimento. Nas relações de grandes cadeias de varejistas, as empresas focais são as redes de supermercado, que, na relação com fornecedores, buscam a melhoria de atendimento às necessidades de seus clientes.

Nesse sentido, a **empresa focal** é a **catalisadora da integração logística na cadeia**, ou seja, na inter-relação entre os componentes, implanta-se a integração dos componentes da logística, que são, como vimos, o transporte, a embalagem, a armazenagem, o manuseio de materiais, os sistemas de informação, a gestão de inventário, a gestão do ciclo de pedidos, as questões fiscais e as questões ambientais.

A gestão integrada nas cadeias logísticas se faz pela busca e identificação de trocas compensatórias (*trade-offs*) de custo entre seus componentes, e a gestão de inventário busca reduzir ao máximo o volume de estoques entre as empresas, o que envolve desde fornecedores a clientes finais.

A exploração de *trade-offs* de custos logísticos diz respeito a uma ação, em princípio, mais cara, mas que possibilita alternativas mais econômicas, como a utilização de embalagens à prova de água (mais caras), que permitem o armazenamento a céu aberto, o que é mais econômico, e a implantação de centros de consolidação de cargas para sua conteinerização, o que implica custos que serão cobertos por fretes mais baixos (menor número de embarques) e transporte mais seguro.

Neste capítulo, nosso objetivo é apresentar o mapeamento da cadeia de suprimentos[1], isto é, a identificação de fornecedores e compradores e seus papéis na integração e coordenação da cadeia de suprimentos. Vamos detalhar as características básicas dos componentes logísticos, tendo em vista sua ótima utilização e as bases de sua gestão.

2.1 Mapeamento de cadeias de suprimentos

De acordo com Christopher (2007, p. 3), a logística pode ser definida como

> processo de gerenciamento estratégico da compra, do transporte e da armazenagem de matérias-primas, partes e produtos acabados (além dos fluxos de informação relacionados) por parte da organização e de seus canais de marketing, de tal modo que a lucratividade atual e futura sejam maximizadas mediante a entrega de encomendas com o menor custo associado.

---

[1] *Cadeias logísticas* dizem respeito à movimentação (fluxo físico) de mercadorias, e *cadeias de suprimentos*, a todas as inter-relações entre os componentes da cadeia produtiva: fluxos físicos, de informação e financeiros e compartilhamento das suas relações com consumidores.

Nesse contexto, a gestão integrada dos componentes da logística é crítica para o atendimento das necessidades dos clientes e melhoria dos processos operacionais e de produção, tendo em vista a redução dos custos totais logísticos, ou seja, a somatória dos custos incorridos considerando-se os *trade-offs* de custos pela integração dos componentes logísticos.

Os componentes da logística devem ser gerenciados no limite de sua integração, de modo a alcançar os seguintes resultados:

- identificação, análise e escolha de melhores alternativas de investimentos para o processo de operação e produção;
- redução dos custos de transporte e de distribuição;
- menores custos de compras e estoques;
- obtenção de uma malha de distribuição ótima;
- aumento do padrão de qualidade de bens e serviços produzidos;
- desenvolvimento de parcerias com fornecedores;
- integração com os parceiros;
- aplicações de tecnologia da informação;
- desenvolvimento de negócios eletrônicos (*e-business*);
- relacionamento positivo com clientes internos e externos;
- minimização do custo total logístico;
- melhoria das práticas de *marketing*;
- implantação de parcerias estratégicas ao longo das cadeias de suprimentos (*supply chains*).

Ballou (2001) descreve a logística como o conjunto de atividades funcionais repetidas ao longo dos canais de suprimentos por meio do qual as matérias-primas são convertidas em produtos acabados e o valor do ponto de vista dos clientes é agregado. O autor aponta que os canais representam a sequência de fases dos fornecimentos e, como as fontes de matérias-primas, as fábricas e as vendas não estão localizadas no mesmo lugar geográfico, as atividades logísticas ocorrem várias vezes antes de o produto chegar ao mercado.

> Cada empresa deve levar em conta os custos associados a sua cadeia de suprimentos, no apoio ao controle da cadeia como um todo, que vai da negociação com fornecedores até o recebimento das faturas referentes aos produtos entregues.

Assim, a administração da cadeia de suprimento (ACS) compreende as seguintes atividades:

- negociação com os fornecedores e compras;
- transporte, recebimento e armazenagem de materiais;
- produção, manutenção, instalações e equipamentos;
- armazenagem, expedição e transporte do produto;
- negociação com os clientes, diretrizes de *marketing* e vendas;
- processamento das compras, vendas e análise de crédito;
- assistência técnica e pós-venda;
- contas a pagar e a receber.

Os autores Bowersox, Closs e Cooper (2006) apresentam três desafios para a ACS: o primeiro é o de que todo esforço deve estar orientado para o valor agregado ao cliente; o segundo é pensar a logística como parte de um processo; e o terceiro é estimular a integração entre os componentes da logística.

O **primeiro desafio** constitui o fator de diferenciação do produto ou do fornecedor e, assim, torna-se crucial na decisão de compra por parte dos clientes. Esse valor deve ser o critério de análise das atividades, visto que **uma atividade só se justifica se agregar valor aos clientes**. Dessa forma, é importante conhecer as expectativas dos clientes em relação ao produto e ao desempenho das atividades logísticas associadas (por exemplo, atender às quantidades acordadas por lote de compra, embalagens apropriadas aos manuseios, tempo de transporte (*transit time*), entre outros).

> A premissa é que não existe produto que não tenha um serviço associado e que a concorrência se faz pela oferta agregada de produtos e serviços ao menor preço possível. Os serviços, em sua maioria, se apresentam como de natureza logística, e os profissionais de logística precisam avaliar sempre o ambiente externo das empresas, para identificar oportunidades de melhoria do desempenho de suas operações logísticas e implantá-las efetivamente.

O **segundo desafio** diz respeito ao fato de que a logística deve ser encarada como um **processo** pelas organizações, ao obrigar que todas as habilidades necessárias para completar o trabalho estejam disponíveis, independentemente da organização funcional. Em outras palavras, as atividades logísticas, em seu caráter interdisciplinar, devem permear as estruturas organizacionais, assegurando que o trabalho exigido seja executado. A integração logística exige conhecimentos técnicos de produção, transporte e outras funções, como as relativas ao inter-relacionamento entre pessoas e à capacitação em avaliações financeiras e de custo.

O **terceiro desafio** é o da **integração dos componentes da logística** em um sistema integrado de atividades interdependentes. Essa visão de sistemas integrativos na concepção de processos significa a identificação e a exploração de *trade-offs* na organização e entre as organizações. Em geral, as empresas focais são mandatórias nessa iniciativa e conduzem os processos de forma acordada com as demais componentes das cadeias de suprimentos.

Perguntas & respostas

Qual é a diferença entre cadeias de suprimentos e cadeias logísticas?

Uma das características peculiares da atividade econômica atualmente é a organização de empresas em redes ou cadeias de negócios que, muitas vezes, perpassam as fronteiras de países. Nas cadeias de suprimentos, as empresas (elos) podem se localizar em uma região de um país, em mais de uma região de um país e até mesmo em mais de um país. Em geral, elas têm em comum a ação organizadora de uma empresa central ou focal. Já as cadeias logísticas representam formas ou processos de movimentação de mercadorias ao longo das cadeias de suprimentos, compreendendo modos de transportes, locais e formas de armazenagem, embalagens e equipamentos de manuseio etc.

Segundo Lambert e Stock (1999), hierarquicamente, as decisões logísticas podem se apresentar nas organizações em quatro níveis: **estratégico**, **estrutural**, **funcional** e **operacional**, conforme mostra o Quadro 2.1.

Quadro 2.1 – Tomada de decisão na área da logística

• ESTRATÉGICO	• Objetivos do negócio • Estratégias de *marketing* • Necessidades de serviço
• ESTRUTURAL	• Produção própria/aquisição de terceiros • Localização/tamanho das unidades • Modais de transporte • Nível de automação • *Layout* das plantas • Relacionamento com fornecedores • Relacionamento com clientes
• FUNCIONAL	• Seleção de locais dos centros de distribuição (CDs) • Composição de estoques • Escolha dos transportadores • Capacidade do sistema logístico
• OPERACIONAL	• Política operacional • Regras de controle operacional • Procedimentos operacionais • Roteirização e planejamento de transporte

Fonte: Adaptado de Lambert; Stock; Vantine, 1998, p. 739.

Note que essa separação é arbitrária e pode se alterar em função da situação que se está abordando na organização, isto é, o que é operacional para a corporação como um todo pode ser estratégico para uma unidade de negócio ou filial. O importante é a listagem de decisões da área de logística.

Christopher (2007) aponta que um dos avanços mais importantes dos últimos anos se deve à percepção de que as empresas não mais competem como elementos isolados, mas como cadeias (redes) de suprimentos. Na era da "competição em redes", as organizações devem se estruturar para a coordenação e gestão de relacionamentos com seus parceiros, no compromisso de entregar valor superior aos clientes do mercado final.

O autor afirma também que a "visibilidade" ao longo das cadeias de suprimentos busca assegurar que a manufatura e a entrega do produto sejam orientadas pela **demanda real de mercado**, e não por **previsões**, exigindo que todos os integrantes das cadeias operem com mais eficácia. Ou seja, a produção deve ser puxada (*pull*) pela demanda, e não empurrada (*push*) aos clientes. Essa estratégia exige um relacionamento estreito e compromissado entre todos os componentes das cadeias de suprimentos.

Nesse sentido, Christopher (2007) propôs quatro princípios (4Rs) como fios condutores da gestão dos canais logísticos. São eles:

- *Responsiveness* (capacidade de resposta) – Os clientes buscam cada vez mais soluções personalizadas. As palavras-chave são *agilidade* e *flexibilidade*.
- *Reliability* (confiabilidade) – É preciso promover o aperfeiçoamento dos processos logísticos para melhor a visibilidade da cadeia de suprimentos, de modo a atenuar os efeitos das incertezas da demanda, reduzir os estoques de segurança e assegurar a capacidade de fornecimento com qualidade.
- *Resilience* (resiliência) – O ambiente atual é caracterizado por turbulências e mudanças rápidas e profundas e está sujeito a descontinuidades inesperadas, sendo necessário identificar os pontos mais fracos da cadeia (por exemplo, transporte e fornecedores) para reagir em caso de eventuais descontinuidades.
- *Relationships* (relacionamentos) – O relacionamento entre vendedor e comprador deve se basear em parcerias a fim de se obter a melhoria da qualidade dos produtos e de seus atributos, com inovações, reduções de custos e integração entre produção e entrega.

Como vimos, o mapeamento de cadeias de suprimentos tem duas vertentes: a identificação dos componentes e das tarefas executadas e a determinação das relações entre esses componentes (elos) e suas interações. O objetivo é atingir o melhor resultado possível na agregação de valor aos clientes e aos acionistas.

2.2 Componentes logísticos e sua integração

Segundo Bowersox, Closs e Cooper (2006), a **logística** existe para **mover e localizar o inventário (estoque) ao longo das cadeias de suprimentos**, de maneira a alcançar os benefícios desejados de tempo, local e posse a um custo total mínimo. Os autores se referem ao conceito de **utilidade** abordado na ciência econômica, segundo o qual um produto só é válido se estiver disponível para o consumidor na ocasião e no local certos e se esse consumidor tiver a posse do bem para seu usufruto. A logística é a responsável por essa agregação de valor.

Para Christopher (2007), a implantação do conceito logístico diz respeito às organizações como um todo, uma vez que a administração integrada da cadeia de suprimentos se faz em coordenação com sistemas relativos aos fluxos de informação e de materiais entre fornecedores e usuários, de forma amplamente reconhecida e apoiada. A seguir, abordamos os principais componentes da integração logística.

2.2.1 Transporte

Vamos iniciar esta seção com uma pergunta: **em sua opinião, qual é a função do transporte?**

De acordo com Bowersox, Closs e Cooper (2006), a função do transporte é

> Movimentar os estoques ao longo das cadeias de suprimentos, sendo que o tipo de transporte utilizado afeta diretamente a gestão do inventário pelas características da carga, tempos e formas de deslocamento, agentes envolvidos e custos decorrentes. O transporte tem como fatores específicos distância, volume, densidade, facilidade de acondicionamento, facilidade de manuseio. (Bowersox; Closs; Cooper, 2006, p. 274)

Quanto aos cinco modais de transporte, estes podem ser descritos brevemente da seguinte forma:

1. **Aéreo** – São cargas domésticas e internacionais (cargas de importação e exportação) transportadas por aviões pelo espaço aéreo. Suas principais características são: maior velocidade, menor capacidade de movimentação, alto custo (frete) de transporte e altos custos de implantação.

2. **Dutoviário** – São cargas a granel (sólido, líquido ou gasoso) transportadas por dutos. Mais usualmente, transportam petróleo e seus derivados. Os granéis sólidos são transportados por dutos em situações especiais, em que um produto pulverulento é bombeado em dutos misturados com água. Suas principais características são: alta capacidade e segurança, custos de implantação altos, menores custos de movimentação e tempos de deslocamento adequados.

3. **Ferroviário** – São cargas transportadas por ferrovia, e os vários tipos de vagões são adequados aos tipos de carga. Em relação ao rodoviário, esse modal apresenta eficiência energética e oferece vantagem de custo por transportar grandes volumes por longas distâncias. No Brasil, há baixa confiabilidade pelo tempo irregular do transporte, o que pode comprometer o nível de serviço ao cliente. Suas principais características são: alto custo de implantação, maiores tempos de movimentação e fretes mais baixos.

4. **Rodoviário** – É o transporte doméstico ou internacional realizado por caminhões por meio da malha rodoviária existente. Sua principal vantagem é a possibilidade da movimentação porta a porta (*door-to-door*), ao que se somam sua agilidade e adaptabilidade. Suas características são: custos (fretes) maiores, menores tempos de percurso, custo de implantação alto e grande variedade de tipos de veículos adaptados aos tipos de carga voltados à movimentação de volumes menores e à distribuição urbana.

5. **Aquaviário** – É o transporte realizado por embarcações de médio e grande porte ao longo de mares, oceanos, rios e lagos em três formas de navegação:

    - **Cabotagem** – É a navegação realizada entre portos ou pontos do território do país, utilizando a via marítima ou essa via e as vias navegáveis interiores.
    - **Navegação interior** – É realizada em hidrovias interiores ou lagos (navegação lacustre), em percurso nacional ou internacional.
    - **Navegação de longo curso** – É realizada entre portos nacionais e estrangeiros. Pela água se desenvolveram os mais antigos meios de transporte de pessoas e mercadorias, e o comércio internacional se concentra no transporte marítimo. O mercado de cargas desse transporte se apresenta como a maior "artéria" dos negócios internacionais e continuará sendo o principal modo de transporte no comércio entre as nações por um longo tempo.

Para Ballou (2001), a escolha do modal de transporte (de que forma a mercadoria será movimentada) deve levar em consideração alguns fatores: menores custos de fretes; existência e aproveitamento de economias de escala; *responsiveness* (agilidade, com menor tempo de atendimento) e *resilience* (flexibilidade, capacidade de solução de eventuais problemas) nos processos de movimentação; menor quantidade de avarias (preservação dos produtos); maior segurança no transporte e manuseio da carga (menores riscos de roubos ou perdas); padronização da unidade de carga transportada (facilidade de transferência de veículo de transporte); menor tempo de operação (maior velocidade da carga da origem ao destino, independentemente da velocidade de percurso) e distância a ser percorrida (restrições geográficas).

O transporte marítimo de longo curso é estratégico para as cadeias globais de suprimentos, o que se evidencia no aumento do tráfego de cargas entre os países e no esforço de elevar a agilidade e a flexibilidade com o aproveitamento de economias de escala para garantir a competitividade dos produtos (Bowersox; Closs; Cooper, 2006).

Os navios têm se adaptado à tipologia das cargas transportadas, e seu desenvolvimento tecnológico volta-se para uma capacidade maior de transporte de grandes quantidades de carga. Esse é o modal que, individualmente – por embarcação –, conta com a maior capacidade de transporte, havendo em operação navios que deslocam até 400 mil toneladas de carga (por exemplo, a série Valemax, para minério de ferro), e, no total de embarcações, tem a maior capacidade instalada de transporte.

A adaptação dos navios, principalmente aqueles construídos para o transporte de contêineres, ocorre para o transporte de produtos a granel (líquidos e sólidos) e para cargas secas gerais.

> O contêiner foi determinante para a evolução do transporte marítimo e sua especialização, mais precisamente por tipo de navio, de carga e de mercado, ao dar atendimento ao volume crescente das transações comerciais interpaíses e aos fluxos de distribuição de mercadorias entre os continentes. O propósito de um contêiner, uma embalagem para o embarcador e um equipamento básico dos navios porta-contêineres, é abrigar e carregar cargas de forma segura e eficiente. Ele deve ser navegável e capaz de suportar os rigores da movimentação terrestre em rodovias e ferrovias, o manuseio em depósitos e terminais em condições climáticas diferentes e as mais diversas variações de temperatura.

Esse equipamento é intermodal por concepção, pois pode passar por diversos modos de transporte em sua movimentação, em geral, terrestre desde a origem e aquaviário e terrestre até o destino final. Em suas padronizações básicas de 20 pés e 40 pés, o contêiner sofre alterações de estado (carregado e vazio) somente na origem e no destino e facilita o manuseio de mercadorias, embalando-as de forma adequada, o que torna as operações mais rápidas e reduz custos.

A intermodalidade compreende a gestão do fluxo físico de mercadorias e informações, a rede física de relacionamentos organizacionais, a interface entre os modais de transporte utilizados e os agentes envolvidos na movimentação. Assim, ela se caracteriza como um processo de transporte de cargas e passageiros e configura um sistema de interconexão de redes que envolve várias combinações de modais de transporte.

Cabe esclarecer que **transportes intermodais** e **multimodais** representam o mesmo fenômeno: **a movimentação de mercadorias da origem ao destino utilizando-se mais de um modo de transporte**. No Brasil, o transporte multimodal diz respeito a essa movimentação, que é representada por somente um conhecimento (fatura) de transporte. É nesse contexto que aparece a figura do operador de transporte multimodal (OTM).

As possibilidades intermodais em uma rede podem constituir uma estrutura complexa de elos, cada um com suas características de tempo de trânsito (*transit time*), capacidade e confiabilidade. Nos processos de importação e exportação, o transporte intermodal pode aproveitar o que cada modal de transporte oferece de melhor, visando à redução de custos e à melhoria do nível de serviço.

O uso de contêineres e a intermodalidade reduzem a necessidade de mão de obra, minimizando eventuais danos e furtos e diminuindo o *transit time*, pois resulta em menores tempos nos portos, o que permite aos embarcadores explorar as possibilidades de negociar os fretes em função do volume do carregamento.

O armazenamento e o manuseio de materiais e de embalagens são componentes logísticos que apoiam a movimentação dos estoques ao longo das cadeias de suprimentos e, necessariamente, têm de ser planejados, executados e gerenciados diretamente com o planejamento dos transportes.

Perguntas & respostas

Como se relacionam a intermodalidade e a movimentação em contêineres?

O contêiner é a expressão mais completa da intermodalidade, pois sua concepção e seu uso indiscriminado se justificam pela facilidade de troca de modal de transporte, implicando custo e tempo menores e maior segurança quanto à integridade da carga. Sua introdução revolucionou o transporte internacional de cargas gerais ao transformar equipamentos no mar (navios especializados), nos portos (equipamentos de carga e descarga) e em terra (movimentação horizontal e vertical com veículos especializados nos terminais e vagões e caminhões dedicados nas transferências terrestres). Adotado também no transporte aéreo, o contêiner tem como principal vantagem prescindir da presença do veículo principal de movimentação (navio ou avião) para carga e descarga de mercadorias. Da mesma forma, sua padronização facilita as operações de manuseio e transporte. Essas condições aumentaram em muito a produtividade e reduziram custos de transporte em todo o mundo. Agora reflita: o contêiner levou à globalização ou a globalização levou ao contêiner?

As principais variáveis que interferem na escolha do modo de transporte e que afetam o nível de serviço ofertado aos clientes são:

- **Disponibilidade/tempo de trânsito** – É a capacidade que cada modal tem de atender a entregas prontamente, sendo o modal rodoviário o mais bem posicionado nesta categoria pelo serviço porta a porta (*door-to-door*).
- **Frequência** – É representada pelo número de movimentações programadas e executadas em determinado período de tempo (é liderada pelos dutos em virtude do tempo contínuo de operação entre dois pontos).
- **Velocidade** – É o tempo despendido em uma rota, do ponto de origem ao ponto de destino (o modo aéreo é o mais rápido de todos os modais).
- **Confiabilidade** – É a habilidade de entregar no tempo acordado e de maneira satisfatória, sendo o dutoviário o modal de maior destaque.
- **Capacidade** – É a possibilidade de o modal de transporte lidar com qualquer tipo, volume e quantidade de carga, sendo o transporte aquaviário o mais indicado.
- **Valor do frete** – O transporte representa o componente de maior visibilidade e de maior custo nos sistemas logísticos e deve ser gerenciado de forma efetiva.
- **Índice de falhas ou avarias** – O indicador diz respeito à relação entre entregas incompletas ou avariadas e o total de entregas realizadas. Esse indicador é fundamental para a avaliação do nível de serviço prestado pelos operadores logísticos e para a análise dos serviços aos clientes.

Assim, podemos afirmar que o transporte é o componente mais visível da logística.

2.2.2 Armazenagem

A atividade de armazenagem, aparentemente, é vista como o inverso do transporte, pois este representa a mercadoria em movimentação (posição dinâmica), e aquela, a mercadoria parada (posição estática).

No entanto, não é bem assim. Há uma relação forte entre transporte e armazenagem na ligação entre produtores e consumidores. Instalações de armazenagem intermediárias, reguladoras e de consolidação de cargas condicionam o modal de transporte utilizado, o tamanho e a quantidade dos lotes de movimentação e as formas (embalagens) utilizadas. De fato, a armazenagem é o elo entre produtores e consumidores, pois assegura que os produtos estejam disponíveis para compra ou uso no local e tempo determinados.

A armazenagem tem como serviços **abrigo, consolidação, transferência e transbordo** e **agrupamento** ou **composição** (*mix*) **de mercadorias**, sendo componente básico de todos os sistemas logísticos da empresa ao estocar produtos (inventário) entre o ponto de origem e o ponto de destino e consumo, o que envolve desde matérias-primas a componentes, peças (suprimentos físicos) e bens acabados (distribuição física).

As seguintes funções são cumpridas pela armazenagem na logística:

- obtenção de economia de transporte ao consolidar e separar embarques;
- economia de produção, evitando faltas e falhas de materiais;
- aproveitamento de descontos por quantidades e compras antecipadas;
- conservação e avaliação das fontes de fornecimento;
- apoio às estratégias de serviço aos clientes;
- atendimento às condições de mudanças dos mercados, tais como sazonalidade, flutuação de demanda e picos de demanda;
- redução das diferenças de tempo e espaço entre produtores e consumidores;
- apoio a programas *just-in-time* (JIT) entre fornecedores e clientes, minimizando a necessidade de armazenagem ao ajustar o suprimento à demanda no tempo e na quantidade acordados;
- apoio ao atendimento dos objetivos de menor custo logístico total e do nível de serviço desejado pelo cliente.

Para Bowersox, Closs e Cooper (2006), o armazém é o espaço coberto ou não que possibilita o fluxo de materiais relativo às funções comerciais (compra e venda). Nos processos de entrada, manutenção e saída do estoque, apresenta as seguintes funções básicas:

- recebimento (descarga);
- identificação e classificação por tipo de produto;
- conferência (qualitativa e quantitativa);
- endereçamento para o estoque;
- estocagem;
- remoção de estoque (separação de pedidos – *picking*);
- acumulação de itens;
- embalagem;
- expedição;
- registro das operações.

Chopra e Meindl (2003) indicam algumas metodologias que devem ser consideradas nos projetos de instalações para depósito, a saber:

- **Unidade de manutenção de estoque (*stock keeping unit* – SKU)** – Mantêm-se produtos em estoque com menor especificação, em geral, associados a um código identificador e mantidos juntos, o que se mostra bastante eficaz para sua recuperação quando necessário.
- **Armazenagem por lote de produção** – Todos os diferentes tipos de produtos necessários para um trabalho específico são mantidos, o que pode exigir mais espaço de armazenagem, porém facilitando a separação e a embalagem dos materiais.
- *Crossdocking* – Essa metodologia representa um exemplo de troca compensatória entre armazenagem e transporte, pois os produtos não são armazenados, e os caminhões de fornecedores entregam os produtos nas instalações apropriadas (*docks*), nas quais são recompostos em lotes menores e imediatamente carregados em caminhões de menor porte, que os transportam ao destino final. Dessa forma, aumenta-se o custo de transporte, mas se reduz o de armazenagem e de inventários, pois será necessário um estoque menor em razão do fluxo de mercadorias mais rápido na cadeia de suprimentos. Essa operação é usual na distribuição

de produtos em áreas urbanas por conta das restrições de circulação de caminhões grandes em locais e horários determinados.

As estratégias de armazenagem e seus mecanismos de coordenação devem levar em consideração uma série de opções para as empresas que necessitam de espaço físico para estoque de produtos, e cada uma delas se apresenta com diferentes condições de custo, risco e envolvimento gerencial. Essas estratégias se referem às decisões de armazenagem, como depósito próprio, aluguel de depósito e ou estoque em trânsito[2].

Os armazéns públicos ou privados disponíveis para locação podem oferecer serviços de armazenagem e atividades derivadas, tais como documentação, consolidação e desconsolidação físicas e documentais de cargas, armazenagem alfandegada, serviços de despacho aduaneiro, inventário físico, preparo de embalagens, despachos e transportes (por exemplo, a armazenagem relativa às atividades portuárias em zonas aduaneiras primária (no cais) e secundária (afastada do cais) em movimentos de carga de importação e exportação).

O aluguel de armazéns é indicado para empresas que tenham necessidade de expandir seus estoques por um curto espaço de tempo ou remanejar com frequência sua área de estocagem. Esses locais aceitam clientes com níveis de armazenamento diferentes, de modo a gerar um nível de utilização alto de espaço disponível durante todo o ano.

Teoricamente, se as empresas conhecessem a demanda de seus produtos e se eles pudessem ser fornecidos imediatamente, não haveria necessidade de manter espaço físico para estoque. No entanto, essa suposição é inverossímil, pois as demandas são imprevisíveis na maioria dos casos, o que é conhecido como *incerteza da demanda*. Assim, os estoques servem de *buffers*, ou seja, amortizam os efeitos das variações das demandas.

> Para Ballou (2001), uma empresa tem **quatro razões** para utilizar o espaço físico de armazenagem: atender às exigências de *marketing*; reduzir custos de transporte e produção; coordenar suprimentos com a demanda; e atender às necessidades da produção.

---

2   Do inglês *stock on wheels*, diz respeito ao tempo em trânsito da mercadoria. Em outras palavras, funciona como um estoque da empresa, mas sem a utilização de instalações fixas. A carga é programada para estar disponível a partir de sua chegada e descarga.

Uma escolha importante se refere à **localização ideal do armazém**, sendo fundamental considerar uma lista de fatores, como leis de zoneamento local, potencial para expansão, tráfego nas redondezas e facilidade de acesso de veículos de diferentes portes. Esses itens podem auxiliar na diminuição do universo de opções disponíveis.

Outro passo essencial é o **dimensionamento do espaço necessário** para a armazenagem, principalmente ao utilizar área própria. No caso de um espaço alugado, é preciso considerar que ele deve prover o espaço exigido para atender, por exemplo, às necessidades de armazenagem de mais de uma temporada.

> Christopher (2007) destaca o *trade-off* entre a armazenagem e a entrega JIT, uma vez que esta pode representar lotes menores de recebimento e pouca ou nenhuma necessidade de armazenagem, mas custos maiores de transporte e recepção. No entanto, o autor recomenda que essa troca compensatória seja sempre explorada como alternativa à armazenagem.

2.2.3 Embalagem e manuseio de mercadorias

Usualmente, as embalagens, apresentam duas dimensões principais: a relacionada ao **marketing** e a referente ao **transporte**. A primeira busca chamar a atenção dos consumidores ao oferecer um visual agradável, ao mesmo tempo que fornece informações. Já a segunda dimensão diz respeito à necessidade de assegurar ao produto condições de manuseio e movimentação que preservem sua forma e facilitem essas operações.

Às embalagens também é associada a dimensão relativa à preservação do **meio ambiente**, ou seja, a consideração do material que as compõe e sua disposição final após o uso ou a desembalagem para reciclagem em eventual reaproveitamento. Nesta obra, abordaremos a dimensão relacionada ao **transporte** e *trade-offs* que se apresentam com os demais componentes logísticos, notadamente o de armazenagem.

Operacionalmente, "a embalagem é um recipiente ou uma envoltura que armazena produtos temporariamente, individualmente ou agrupando unidades, tendo como principal função protegê-lo [sic] e estender seu prazo de vida (*shelf life*), viabilizando sua distribuição, identificação e consumo" (Pellegrino, 2016).

Do ponto de vista da logística, segundo Ballou (2001), a função da embalagem é organizar, proteger, identificar os produtos e aumentar a eficiência no manuseio de cargas.

O manuseio de mercadorias tem como princípios a utilização de equipamentos apropriados e as atividades de sua estocagem, buscando-se o máximo de padronização e de fluxos contínuos de operação. O uso de embalagens padronizadas facilita as atividades de recepção, guarda e recuperação[3] de produtos e a operação de sistemas mecanizados de manuseio nos centros de armazenagem.

Os investimentos em sistemas de manuseio correspondem à implantação de *layouts* e equipamentos de manuseio, de modo a possibilitar e facilitar ao máximo seu uso, e devem apresentar a menor relação de peso e carga útil. Os sistemas mecanizados de manuseio empregam vários tipos de equipamentos, sendo os mais usuais: empilhadeiras, paleteiras, cabos de reboque, veículos de reboque, esteiras rolantes, esteiras transportadoras, sistema de veículo guiado automaticamente (SVGA) e carrosséis.

Em relação à armazenagem, a embalagem deve atender às condições de **dimensão** e **empilhamento**. Mais especificamente, de acordo com Moura e Banzato (1997), a embalagem desempenha as funções de:

- **contenção** – conter os produtos antes que sejam movimentados de um lugar para outro;
- **proteção** – proteger o conteúdo e o ambiente do produto dos efeitos ambientais exteriores;
- **divisão** – reduzir o produto a quantidades e dimensões administráveis pelos consumidores;
- **conveniência** – permitir que o produto seja usado de maneira conveniente;
- **comunicação** – utilizar símbolos claros e de compreensão obrigatória e alerta a condições especiais para o manuseio do produto, tais como restrições de temperatura e orientação para empilhamento (em caso de produtos químicos, a embalagem deve apresentar instruções de como lidar

---

[3] A recuperação de produtos é a atividade de localizar, retirar e encaminhar produtos com base em seu ponto (local) de armazenagem. Diz respeito às embalagens que são padronizadas em tamanho, material (dependendo do produto embalado) e mensagens de cuidados de manuseio.

com eventuais derramamentos). Há ainda a facilitação do rastreamento tanto na armazenagem como no transporte;
- **unitização** – permitir que as embalagens primárias sejam consolidadas (unitizadas) em embalagens secundárias e que estas sejam colocadas em embalagens terciárias.

As interações e as transferências das embalagens na distribuição tornam complexa a proteção do produto, tanto no manuseio nos armazéns dos fabricantes como no dos clientes, assim como nos carregamentos e nas descargas nos diferentes modos de transporte e nas formas diretas de manuseio, mecânico ou não.

> As cargas unitizadas em embalagens secundárias transformam-se nas unidades básicas de manuseio nas operações logísticas, e seu peso, volume e danos potenciais determinam as exigências de seu transporte e manuseio.

A gestão logística busca a identificação e a exploração de *trade-offs* entre seus componentes (por exemplo, uma embalagem à prova de água pode ter maior custo, porém pode ser armazenada ao relento, o que é mais econômico). Segundo Gurgel (2007), as condições de embalagem e manuseio de um produto, no que se refere a eventuais derramamentos ou danos, devem ser consideradas, uma vez que a responsabilidade das empresas não termina na expedição da fábrica, e o produto deve manter suas características em seu armazenamento, no transporte aos clientes, na permanência no estoque dos varejistas, na exposição nas prateleiras das lojas, no transporte até a residência dos consumidores e em sua desembalagem segura feita pelo consumidor.

A embalagem deve fornecer proteção contra danos mecânicos e físicos, influências climáticas, contaminação do meio ambiente e perda de características intrínsecas ao produto, e em seu projeto devem ser contemplados os **riscos ambientais** (calor, sol, poeira, contaminação), **físicos**, que implicam afrouxamento da embalagem, rupturas e amassamentos, e **de perdas de característica** (perda de odores, essências, gases).

Em sua dimensão logística, a embalagem deve proteger o produto em relação a choques, intempéries e vibrações, sem sofrer danos. Quanto ao transporte, a embalagem deve considerar a estabilidade da carga e a compatibilidade com diferentes formas de mecanização.

Nesse contexto, o contêiner se apresenta como uma embalagem que atende a essas condições. Ao ser padronizado, reduziu significativamente os custos de manuseio de produtos e, com a especialização e a dedicação de navios e terminais, reduziu também os custos de frete. Note que é importante a busca da ótima relação volume/peso, ou seja, o contêiner pode estar completo em volume, mas não em sua capacidade de carregamento – o contrário também é possível.

Perguntas & respostas

Quais são as dimensões conceituais das embalagens? Como são utilizadas pelas empresas?

Embalagens apresentam duas dimensões básicas: a dimensão relacionada ao *marketing* e a referente à logística. A primeira diz respeito à identificação do produto e da marca; a embalagem serve para atrair a atenção de consumidores e facilitar seu reconhecimento com base em mensagens de propaganda – isso viabiliza o transporte da loja para casa. A segunda tem um cunho mais racional, ou seja, refere-se à facilidade de movimentação, manuseio e guarda de produtos; nesse caso, a embalagem serve de proteção e salvaguarda das mercadorias. Uma de suas características é o uso da unitização de cargas, que significa transformar embalagens menores em unidades maiores para manuseio e transporte (paletes e contêineres são exemplos típicos dessa dimensão). Tanto uma dimensão como a outra devem atender às características dos mercados-alvo e aos comportamentos de decisão de compra e efetiva aquisição.

Na indústria, encontramos a **tecnologia de engenharia de embalagem**, que busca formas de consolidação de cargas e seu carregamento nos contêineres que associem a relação peso/volume com a facilidade de carregamento (estufagem) e descarregamento (desestufagem) do contêiner.

As informações na embalagem também diminuem os tempos de expedição nos armazéns, os custos de movimentação e os custos de recepção, ao reduzir a possibilidade de embarques extraviados, avarias e roubos. Os contêineres têm lacres especiais que objetivam preservar as características das cargas e apoiar a atuação das aduaneiras no transporte internacional.

2.2.4 Gestão de inventários (estoque)

A gestão de inventários ou estoques pode ser considerada o **coração da administração da cadeia de suprimentos**, pois atua na inter-relação e na integração dos componentes logísticos e na relação estreita e combinada das organizações que fazem parte dessas cadeias. Os objetivos da gestão de inventários são reduzir o nível de estoques ao longo da cadeia e reduzir os tempos de suprimento ou ressuprimento. Um exemplo, conforme já mencionado, é a estratégia JIT de suprimentos.

Os estoques agem como "amortecedores" (*buffers*) entre demanda, suprimento e necessidades de produção, e a gestão parte da compreensão de sua função na fabricação e no *marketing*. Os níveis de estoques serão sempre necessários, pois intercorrências e falhas ocorrem nos processos logísticos e de produção. Além disso, a exploração de economias de escala pode justificar a criação e a existência de estoques.

Há também desequilíbrios entre ofertas e demandas sazonais, notadamente demandas relativas a datas comemorativas, como o chocolate para vendas na Páscoa e brinquedos para o Natal e o Dia das Crianças.

> Lambert, Stock e Vantine (1998) apontam o inventário como um componente-chave da integração logística, pois impacta diretamente custos e serviços e influencia no planejamento e na execução dos processos logísticos.

Para os autores, o inventário tem os seguintes papéis:

- possibilitar a obtenção de economias de escala;
- equilibrar oferta e demanda;
- permitir a especialização na fabricação;
- proteger a empresa diante das incertezas dos ciclos de oferta e demanda;
- atuar como "pulmão" em interfaces críticas nos canais de distribuição.

Ballou (2001, p. 67) acrescenta que

> Para um item ser mantido economicamente em estoque, ao invés de ser comprado diversas vezes ou ser encomendado, geralmente, deve possuir as seguintes características: 1) ser comprado em quantidades maiores ou iguais a um lote mínimo; 2) a tabela de preços do fornecedor deve ter descontos por volume; 3) ser de valor relativamente baixo; 4) ser econômico comprá-lo juntamente com outros itens; 5) pode ser usado numa larga variedade de modelos ou produtos; 6) ter tabelas de fretes ou requisitos de manuseio que facilitem a compra em grandes lotes ou 7) ter alto grau de incerteza na entrega ou na continuidade do suprimento.

O relacionamento com fornecedores nas cadeias de suprimentos tem subvertido os conceitos de lote mínimo e de lote econômico; a empresa focal incentiva a localização de fornecedores próximos ou em seu sítio industrial, onde poderão manter estoques a pronta-entrega e sua produção será compatível com a cadência e programação de consumo por parte da empresa focal. As necessidades de programação da produção serão "protegidas" por estoques rapidamente disponíveis (fornecimentos), e os critérios de controle de estoques vão determinar a deflagração de pedidos de compra para ressuprimentos. Em geral, esse controle é feito pelos fornecedores.

O inventário assume o papel de regulador de fluxos de expedição, recebimento e utilização, sendo mantidas ao longo da cadeia de suprimentos as seguintes interfaces:

- Fornecedor → Suprimentos;
- Suprimentos → Produção;
- Produção → *Marketing*;
- *Marketing* → Distribuição;
- Distribuição → Intermediários;
- Intermediários → Clientes ou usuários.

A gestão de custos do inventário deve levar em conta, conforme apontam Lambert e Stock (1999), o custo de comunicação do pedido, o custo de sua recepção, o custo de seu posicionamento nas instalações de armazenagem e o custo de processamento do pagamento das faturas de fornecimento.

Para os autores, o modelo de lote econômico de compra objetiva a minimização dos custos de manutenção dos estoques e dos pedidos de suprimentos, definindo-se quanto pedir e quando pedir. Essas decisões devem acompanhar o plano de produção e corresponder à necessidade (quantidades, formas e tempos) dos itens na fabricação de produtos.

Lambert e Stock (1999) classificam o **estoque** de acordo com as seguintes categorias:

- **Cíclico** – É a quantidade média de estoque utilizada para satisfazer sua demanda no período entre as entregas dos fornecedores. Muitas empresas produzem e compram em grandes lotes tendo em vista explorar economias de escala nos processos de produção, transporte e compra.
- **Em trânsito** – São os produtos que estão sendo movimentados da origem (fabricante) para o destino (comprador).
- **Segurança** – É o estoque mínimo mantido para dar atendimento a incertezas da demanda ou demandas inesperadas. Da mesma forma, serve para proteção contra eventuais falhas de suprimento.
- **Sazonal** – É criado para atender a variabilidades previsíveis da demanda.

Basicamente, nas cadeias de suprimentos, os tipos de estoques podem ser resumidos como:

- **matérias-primas, componentes ou sistemas**, que são mantidos para atendimento à produção;
- **material em processo**, que são produtos submontados ou semiacabados no processo de produção;
- **produtos acabados**, que são produtos prontos mantidos no fabricante, em centros de distribuição (CDs) ou em estabelecimentos de revendedores.

Note que o estoque de produtos acabados é o mais caro para ser mantido, pois os produtos já tiveram custos de mão de obra, materiais e energia, entre outros, e ainda esperam sua destinação final, faturamento e recebimento. O esforço das empresas na direção da produção "puxada", isto é, quando as ordens de produção só são emitidas quando há uma demanda (venda) efetiva dos produtos, tem como base a redução dos custos associados.

Essa estratégia, como se pode prever, exige uma coordenação intensa entre os agentes das cadeias de suprimentos, uma vez que existe, do ponto de vista dos clientes, a necessidade de reduzir o *lead time* entre o pedido de compra e a efetiva entrega do produto.

2.2.5 Ciclo de vida e processamento de pedidos

Chopra e Meindl (2003) afirmam que um dos objetivos centrais de cadeias de suprimentos é maximizar o **valor agregado**, representado pela diferença entre o valor do produto final para os clientes e os custos dos esforços de produção realizados pelas empresas para atender ao mercado e remunerar (recompensar) seus investimentos. Dessa forma, os autores deixam claro que o valor aos clientes (serviços agregados) deve justificar um preço-prêmio que cubra os custos de produção, de distribuição e de prestação de serviços e ainda remunere os investimentos na cadeia de suprimentos, tanto dos fornecedores como dos vendedores.

Na abordagem da produção, o ciclo de vida de um pedido inicia-se com a colocação da demanda pelos clientes e vai até o total atendimento da solicitação e seu pagamento, podendo ainda incorporar o tempo de prestação de serviços de pós-venda. Em alguns setores industriais, o ciclo de vida de um pedido se estende ao prazo de prestação de serviços de assistência técnica, que faz parte do preço e do produto contratado – isso ocorre, por exemplo, com o fornecimento de equipamentos de grande porte, inclusive aviões.

O processamento de pedidos se refere à troca de informações entre a empresa e os envolvidos na distribuição do produto, o que compreende as condições de entrega e, por vezes, de pagamento. A gestão de pedidos se inicia na busca de uma entrada precisa e qualificada dos pedidos aos clientes, na qual fiquem claras as obrigações acordadas, assim como os serviços associados.

Lambert e Stock (1999) apontam como **componentes do ciclo de pedidos dos clientes** as seguintes atividades:

1. preparação do pedido e sua comunicação;
2. recebimento e entrada do pedido;
3. processamento do pedido;
4. localização e recuperação do produto no armazém e sua embalagem;
5. transporte do pedido;
6. descarga e entrega do pedido.

O *lead time* para o cliente consiste no tempo decorrido entre a preparação, a emissão e expedição do pedido e o recebimento final do produto no local e na forma acordados. Já o *lead time* do fornecedor consiste no tempo decorrido entre o recebimento do pedido e a entrega do produto ao cliente na forma acordada. É importante observarmos a importância da comunicação e do fornecimento de informações sobre o estado do pedido em suas diversas fases. Um bom exemplo são as compras feitas pela internet, em que esse serviço é fornecido em tempo real.

As cadeias de suprimentos se baseiam na relação de fornecimento e compra de produtos e materiais em cadeias produtivas e, com base nisso, depreende-se que a gestão do ciclo de vida de um pedido por parte do fornecedor tem contrapartida imediata na gestão de inventário do comprador. Essa relação é de compromisso mútuo, e seu bom funcionamento, na verdade, corresponde ao nível de serviço que se acordou entre as partes. Vamos examinar melhor esse assunto na seção a seguir.

2.2.6 Nível de serviços ao cliente

O nível de serviço ao cliente corresponde ao objetivo de desempenho acordado entre as partes de uma cadeia de suprimentos, podendo especificar um nível de inventário definido pelo tempo de ciclo dos pedidos e pela efetividade de seu atendimento caso a caso.

As necessidades dos clientes devem ser identificadas e expressas em padrões que comporão os contratos e os acordos, de modo que o desempenho acordado seja claro a todos os envolvidos na rede de relacionamento. Bowersox, Closs e Cooper (2006) acrescentam que a satisfação dos clientes é um conceito fundamental nas estratégias de *marketing* e de negócios.

> Mas o que significa um cliente satisfeito?

Uma forma de lidar com a satisfação do cliente é adotar o **paradigma da desconformidade**, que corresponde à mensuração das expectativas do cliente em relação a cada atributo associado ao produto e à percepção do cliente em relação ao desempenho de cada atributo relevante (Marchetti; Prado, 2001).

Como vimos anteriormente, cadeias de suprimentos dizem respeito a relações interempresariais, e os atributos associados aos produtos intercambiados são, em sua maioria, quantificáveis. No entanto, essas trocas se materializam em negociações interpessoais e, assim, outros fatores podem influenciar a percepção da qualidade dos serviços prestados.

Na logística, para construir uma estrutura voltada à satisfação dos clientes, é necessário identificar e explorar:

- o que eles esperam;
- como eles formam suas expectativas;
- a relação entre a satisfação deles e suas percepções da qualidade do serviço logístico.

Nesse sentido, Bowersox, Closs e Cooper (2006) apresentam condições genéricas para o atendimento das necessidades dos clientes e que têm impacto nos processos logísticos. São elas:

- **Conveniência de lugar** – Diz respeito ao esforço e ao tempo que o cliente despende para a realização da compra (lojas de conveniência, por exemplo, têm esse nome por sua disponibilidade e fácil acesso dos clientes).
- **Tamanho do lote** – Relaciona-se ao número de unidades compradas em cada transação (lotes maiores restringem a quantidade de compradores, mas reduzem custos de transportes e embalagem, por exemplo).
- **Tempo de espera ou de entrega** – Refere-se ao tempo que o cliente tem de esperar para receber (ter a posse do bem para uso) o produto, como no caso de compras pela internet.
- **Variedade de produtos** – Diz respeito a sortimentos de marcas, tamanhos, embalagens etc. (supermercados e seus suprimentos são exemplos dessa condição).

Ao explicitarmos as condições de atendimento aos clientes e suas consequências logísticas, fica mais uma vez clara a participação dos processos logísticos no composto 4Ps, isto é, na mentalidade de *marketing* implantada nas organizações. Devemos nos lembrar ainda de que, no conceito de cadeias de suprimentos, a logística de suprimentos do cliente é a logística de distribuição de seu fornecedor.

2.2.7 Análise de custos em cadeias de suprimentos

Bowersox, Closs e Cooper (2006) apontam como desafio a prestação de serviços logísticos na visão da integração dos componentes logísticos, a fim de melhorar o nível de serviço prestado aos clientes, tendo em vista exigências cada vez mais acentuadas, ao mesmo tempo que se reduz o custo total logístico da operação.

Assim, a tarefa de entender e controlar custos totais logísticos exige a percepção e a habilidade de explorar as possibilidades múltiplas de *trade-offs* de custos entre as diversas atividades, elementos e responsabilidades nas operações ao longo das cadeias logísticas (por exemplo, um custo de embalagem maior pode ser mais que compensado com a redução de custos de transporte e de armazenagem).

De forma geral, os custos de um agente de uma cadeia logística podem corresponder às receitas de seu fornecedor e, nesse sentido, na discussão de preços com os clientes, devem ser identificados os serviços logísticos associados (do ponto de vista do prestador de serviços, quais são os custos advindos dessa prestação de serviços integrados).

Essa integração se dá tanto em relação aos componentes logísticos como pela exploração de vantagens relativas às alternativas de sua realização – no caso dos transportes, por exemplo, a escolha de mais um modal.

Entretanto, esse cálculo é mais simples de fazer ao se identificarem e se avaliarem alternativas de encaminhamento logístico, de relacionamento e dos papéis (compromissos) que devem ser desempenhados na cadeia de suprimento. Na operação, o acompanhamento desses custos é mais complexo.

A contabilidade de custos tradicional, ainda muito presente na maior parte das empresas, em geral apropria os custos de forma agregada (custeio de absorção), não permitindo a identificação dos custos incorridos no atendimento a clientes particulares. Esse fato dificulta a determinação das trocas compensatórias (*trade-offs*) na logística e o estabelecimento de políticas relativas aos custos totais nos sistemas logísticos, tanto na empresa como na cadeia logística em que está inserida.

Esse fato tem feito com que alguns pesquisadores se dediquem a conceber e a propor sistemas dedicados de custos, tais como o *cost-to-service*, que são os "custos das atividades administrativas, comerciais e logísticas relativas à entrega (prestação) de serviços aos clientes e apurados pelo método de custeio baseado em atividades (*Activities Based Costing* – ABC)" (Guerreiro; Bio; Merschmann, 2008, p. 392, tradução nossa).

> O custeio ABC se contrapõe ao método de custeio e o sucede por absorção, em que "os custos são rastreados por atividades em vez de serem apropriados por departamentos e funções. Atividades são processos e procedimentos que demandam trabalho e/ou o consomem recursos" (Robles Júnior, 1994, p. 42).

Os custos apurados em um nível de agregação muito alto, com alocação (custeio) feita por absorção, privilegiam as funções em lugar das saídas (processos). A maioria das empresas analisa somente os custos dos produtos, e não aqueles associados aos níveis de serviços prestados aos clientes, não apurando comumente os que ocorrem ao longo das cadeias logísticas. Dessa forma, na maior parte das vezes, os custos logísticos são identificados e apurados na avaliação de alternativas logísticas.

Já os custos de transporte constituem a parte mais visível e de maior relevância nas cadeias logísticas, advindos da movimentação dos produtos ao longo das cadeias de suprimentos.

O método mais recomendado para o cálculo dos custos das cadeias logísticas, segundo Robles Júnior (1994), é o **custeio ABC**, que, na logística, abrange:

- a identificação, a descrição e a análise das atividades desenvolvidas referentes a cada centro de custo e para cada um dos produtos;
- a determinação do direcionador de custo (*cost driver*) de cada atividade, ou seja, o principal recurso gerador de custo;
- o cálculo do custo de cada atividade;
- a transferência (alocação) dos custos das atividades para os produtos (deve-se considerar que as atividades consomem recursos e os produtos consomem atividades).

A despeito da dificuldade de alocar custos para as atividades logísticas, a análise de custos é primordial na gestão das cadeias de suprimentos e deve contribuir para:

- o controle de despesas operacionais associadas;
- a elaboração de prognósticos de caráter estratégico e operacional;
- a determinação dos preços de venda dos produtos e dos serviços;
- a melhoria dos processos de produção;
- o controle da eficiência de cada elo da cadeia;
- o controle dos investimentos em cada segmento;
- a busca pelo cálculo do lucro por cliente e por produto (Lambert; Stock, 1999).

Um dos exemplos da aplicação de custos para análise de alternativas logísticas diz respeito às decisões relativas à implantação e à gestão de CDs, os quais têm como propósito fundamental prover espaço para o fluxo de materiais entre as funções comerciais e operacionais que não tenham um fluxo linear contínuo, ou seja, que necessitam ser consolidadas ou manipuladas antes do envio final aos clientes.

PERGUNTAS & RESPOSTAS

Quais são as características básicas de custo das atividades logísticas? Qual é o método de custeio considerado adequado para sua determinação e seu controle?

Custos logísticos são ligados às atividades inter-relacionadas e, como tal, devem ser identificados e atribuídos a elas. Um dos métodos considerados adequados para sua apuração é o de custeio ABC. Por meio dele, parte-se do mapeamento das atividades logísticas (procedimentos que consomem recursos), identificando-se seus custos para atribuí-los a departamentos e funções. Em geral, os custos das atividades são mais fáceis de serem determinados *ex-ante*, ou seja, na avaliação da alternativa logística de encaminhamento a ser adotada. Na prática diária, a dificuldade reside em adaptar os sistemas de informação e de registro contábil às necessidades de alocação por atividades. No entanto, as empresas têm se esforçado para isso. Um exemplo é o método dos custos de servir (*cost-to-service*), por meio do qual se busca identificar o custo incorrido ao atender aos requisitos de um cliente especial e, assim, responder à questão: o esforço despendido vale a pena? Em outras palavras, esse cliente exigente é lucrativo?

As questões básicas sobre os custos são:

a) **Quanto os custos do CD representam relativamente aos custos da empresa e ao seu faturamento?**
b) **Qual é sua tendência?** A redução dos custos de armazenagem pode resultar de uma eficiente integração entre: práticas operacionais; gestão de inventários; criação e utilização de embalagens especiais ou dedicadas; técnicas de movimentação de materiais; métodos de estocagem; processamento de pedidos; sistemas de recuperação de materiais; e administração de tráfego de mercadorias, inclusive de importação e exportação. Essas atividades integradas devem ser previstas para atendimento do nível de serviços acordado com os clientes, ao menor custo possível.
c) **Como estão os níveis dos estoques? Em quais custos de manutenção de estoques se está incorrendo? E os custos de guarda e recuperação?**
d) **Por que a empresa precisa desse estoque?** Normalmente, a resposta se refere às condições de: estoque de segurança; estoque estratégico (mantido para apoiar eventuais campanhas de vendas ou interrupções não previstas da produção); estoque especulativo (quando convém aguardar oportunidade de obtenção de ganhos ou se prevê estabilização conjuntural) e estoque indefinido (materiais obsoletos ou itens de produção descontinuada).
e) **Como deve ser avaliada a terceirização de determinada atividade logística? Quais são os custos correspondentes? Quais critérios devem ser utilizados?**

Como vimos, para os clientes, apenas receber o produto adquirido não é condição para sua satisfação, pois é preciso que o produto seja recebido no local e no tempo que o comprador julgue necessários. Com base nisso, as organizações se deram conta da real importância do processo logístico como um todo, deixando de vê-lo como um simples serviço de apoio para considerá-lo processo fundamental e estratégico para a organização, capaz de agregar valor ao produto para os clientes finais.

Uma das estratégias mais importantes da ACS diz respeito à **terceirização** (*outsourcing*) **das atividades logísticas**, o que não é novo, pois atividades de transporte e de armazenagem sempre foram terceirizadas. Contudo, o que é relativamente recente é a extensão dessa terceirização e sua justificativa, a qual passa da busca por redução de custos para a concentração das empresas em sua competência essencial (*core competence*) e, assim, para a contratação de terceiros a fim de realizar atividades que, no princípio, eram acessórias aos seus negócios e, mais tarde, passaram a ser vistas como desassociadas deles.

A indústria automobilística adota uma estratégia de terceirização extensiva na busca da variabilização de custos, isto é, contrata terceiros e delega a eles a prestação de serviços e os investimentos necessários para essa prestação. Um exemplo que podemos citar são os equipamentos de movimentação de materiais nos sítios das montadoras.

> A **variabilização de custos** diz respeito à possibilidade de mobilização ou desmobilização de recursos com base nas flutuações de demanda nos mercados compradores, à redução "de pessoal direto das montadoras, diminuição de seu custo fixo [...], divisão de riscos e responsabilidades, com o operador [logístico] fazendo parte do negócio, aportando competência e firmando contratos de prazo longo" (Robles, 2001, p. 119).

A terceirização é uma realidade na prestação de serviços logísticos, porém ela deve ser analisada em relação à real necessidade, extensão e conveniência e quanto à dimensão das vantagens, inclusive de custos, de repassar atividades para prestadores de serviços. Ela se justifica também quando a empresa não conta com mão de obra especializada ou infraestrutura para a realização das atividades (grandes exportadores utilizam terceiros, no caso, as *tradings companies*, para os contatos no exterior e para a contratação de serviços de transportes marítimos).

De acordo com Robles (2001, p. 156), a terceirização não é de fácil implantação nas organizações e nas atividades logísticas,

> pelo seu caráter multifuncional; essa dificuldade pode ser maior, ao se defrontarem culturas empresariais diferentes e costumes arraigados nas empresas. Exemplos claros são as resistências, inclusive culturais, em mudar o critério de avaliação ou de ponderação dos fatores utilizados na análise das concorrências e de alterar o padrão usual de licitação das atividades logísticas de forma fracionada por atividades especializadas.

Os **provedores de serviços logísticos**, ou, em inglês, *Third Party Logistics Providers* (3PLs), e, mais recentemente, os **integradores logísticos**, ou *Fourth Party Logistics Services Providers* (4PLs), apresentam-se no mercado para atendimento às operações logísticas; os primeiros, muitas vezes, advêm de fornecedores tradicionais (transportadoras e empresa de armazenagem), e os segundos se dedicam a estudos, avaliações de alternativas logísticas, prestação de serviços de coordenação e controle das atividades logísticas, na direção da oferta de soluções completas de administração da cadeia de suprimentos, conforme apresentaremos no Capítulo 3 desta obra.

Em resumo, a ACS representa o entendimento das relações de compromisso que se estabelecem ao longo das cadeias logísticas, a exploração de *trade-offs* de custos entre os componentes logísticos e a busca da solução do paradoxo aparente entre a melhoria do nível de serviços ofertados (valor) aos clientes e a necessidade de agregar valor (retorno) aos acionistas.

Estudo de caso

Avaliação de inventários nas cadeias de suprimentos

Este capítulo destacou a importância e a inter-relação entre o controle dos ciclos de pedidos e a gestão de inventários nas cadeias de suprimentos. Esses ciclos se relacionam ao atendimento das necessidades dos clientes e à agregação de valor logístico aos produtos. Os inventários (estoques), como vimos, desempenham funções importantes e servem de "pulmão" e proteção em relação às incertezas entre a oferta e a demanda de insumos e/ou de produtos acabados. No entanto, eles sempre representam custos e, como tal, devem ser cuidadosamente gerenciados.

A seguir, apresentamos, na forma de *checklist*, algumas questões para avaliação desses dois conceitos na ACS, tendo como base os questionários propostos por Lambert e Stock (1999).

a) **Controle dos ciclos de pedidos**

I. A política de atendimento aos clientes está clara e registrada por escrito? Ela é do conhecimento dos clientes?

2. Diferentes clientes recebem diferentes níveis de serviço por produto? Esses padrões de serviços mudam ao longo do tempo? Quem são os responsáveis por esse atendimento e como atuam (por área, individualmente, por produto)?
3. Como se dá a relação com os clientes? Quem é responsável por essas inter-relações? Quais são os meios de comunicação utilizados? Como discrepâncias/reclamações são resolvidas?
4. O processamento de pedidos é centralizado? Como os pedidos são recebidos e processados, manualmente ou por computador? Quais são os sistemas utilizados?
5. Como a empresa acompanha os ciclos de pedidos? Quais são os indicadores utilizados e em que se baseiam[4]? A quem esse acompanhamento é reportado? Com que frequência?
6. Qual é a média de pedidos processados por dia e por mês? Qual é o valor médio dos pedidos?
7. Qual é a porcentagem de pedidos tirados pelo pessoal de vendas? E pelo contato direto com os clientes?
8. Quais são os procedimentos principais após o recebimento dos pedidos? (Verificação de crédito, verificação do estoque, precificação, estabelecimento de data de entrega etc.)
9. Como se dá a relação com a área de produção? Como o ciclo de pedidos interfere no planejamento da produção?
10. Mapeie (descreva) as atividades, os tempos e os responsáveis envolvidos nos ciclos de pedidos: recebimento, processamento, recuperação dos produtos nos armazéns, ordens de produção, controle de qualidade,

---

4   Se o acompanhamento é feito por cliente, pedido recebido, CD, pedido expedido ou com base em todos esses aspectos juntos.

embalagens, carregamento, transporte, descarregamento (uso de CD ou não), entrega (documentação), recebimento das faturas.

b) **Gestão de inventários (estoques)**
   1. Qual é a quantidade e o valor médio de matéria-prima em estoque? Qual é a quantidade média e o valor dos produtos acabados em estoque?
   2. Quais são os principais fornecedores de matérias-primas e de componentes que a empresa utiliza e quantos são? Qual é a frequência de compra? Qual é a origem dos fornecimentos (nacional ou importado)?
   3. Quais são as quantidades médias de compras? Qual é o *lead time* médio entre a emissão do pedido de compra e a entrega? Como se dá o controle entre compra e entrega? Quais são os modos e as formas de transporte e embalagem utilizados?
   4. De quem é a responsabilidade pelo acompanhamento dos pedidos de compra? Quais são os procedimentos utilizados? Qual é a frequência de relatórios de situação e avaliação? Quem os elabora e a quem são encaminhados?
   5. Como se dá o controle de produtos acabados? Como se faz o acompanhamento da relação entre as previsões de venda, a programação de produção e o estoque de produtos acabados? Quem são os responsáveis? Qual é a frequência de relatórios de situação e avaliação? Quem os elabora e a quem são encaminhados?
   6. Quais são os procedimentos de ressuprimento a CDs, distribuidores e clientes? Quais são os meios de comunicação utilizados?
   7. Como são calculados, controlados e relatados os custos de carregamento de inventários? (Custos de oportunidade,

impostos, seguros, obsolescência, roubos, avarias, falhas ou falta.)

8. Quem determina os níveis de inventário? Eles são estimados por SKU, categorias, linhas de produtos ou produtos? Existe controle pelo método da curva ABC (cotejo entre quantidades (%), custos e frequência)?

9. Qual é a participação da área financeira na gestão de inventários? Quais são os relatórios usuais? Qual é a frequência de relato de situação? Quem os elabora e a quem são encaminhados?

10. Quais são as principais ocorrências relativas à gestão de inventário?

Esse questionário pode servir de mapa nos processos de análise e diagnóstico da gestão de inventários. Para tanto, sugerimos que ele seja adaptado para cada caso em particular e, então, aplicado. Lembre-se: a prática é o caminho para a perfeição.

Fonte: Adaptado de Lambert; Stock, 1999, p. 753, 760, tradução nossa.

SÍNTESE

Vimos, neste capítulo, que a gestão integrada dos componentes da logística – transporte, embalagem, armazenagem, manuseio de materiais, sistemas de informação, gestão de inventário, gestão do ciclo de pedidos, questões fiscais e questões ambientais – deve se orientar para o atendimento às necessidades dos clientes e para a melhoria dos processos operacionais e de produção. Aqui, abordamos também o fato de que a integração logística busca a redução dos custos totais logísticos, ou seja, a somatória dos custos incorridos, e não a diminuição dos custos das partes, sendo que o atendimento do nível de serviço desejado se dará pela identificação e avaliação dos *trade-offs* de custos entre os componentes, de modo a minimizar os custos totais logísticos.

Questões para revisão

1. Sobre o mapeamento de uma cadeia de suprimentos, assinale a(s) alternativa(s) **incorreta(s)**:
   a) É a identificação dos agentes (elos) e dos componentes da cadeia, determinando-se as características de sua inter-relação e os fluxos físicos e de informação que apresentam.
   b) É o desenho em uma carta geográfica da localização dos componentes (elos) da cadeia, assim como das rotas utilizadas, determinando-se os modos de transporte possíveis utilizados.
   c) É um passo básico para o planejamento dos processos logísticos associados a uma cadeia de suprimentos. Os fluxos físicos e de informação apoiarão ações de compatibilização de sistemas físicos (entradas/saídas das plantas, embalagem, necessidade de instalações de armazenagem etc.) e o compartilhamento de informações com base em sistemas computacionais comuns.
   d) Ele define, por si só, se uma cadeia de suprimentos é doméstica ou internacional. Um mapa com a identificação de países e localidades é a ferramenta básica para tanto e apoia eventuais procedimentos alfandegários.
   e) Compreende a explicitação por processos e subprocessos de atividades, responsáveis, tempos e formas de controle de desempenho. Essa explicitação é formalizada, apoia-se na contratação de compras e vendas e pode ser realizada por um operador logístico especializado.

2. Sobre o inter-relacionamento das atividades logísticas na gestão integrada de cadeias de suprimentos, assinale a(s) alternativa(s) correta(s):
   a) A gestão integrada das atividades e dos componentes implica o planejamento e o controle dos processos logísticos com base em objetivos estabelecidos em comum entre os diversos elos da cadeia de suprimentos.
   b) A inter-relação se dá tanto no nível físico (instalações, equipamentos, formas e veículos de movimentação de produtos) como no nível informacional, por meio da troca constante e em tempo real de informações entre os elos da cadeia de suprimentos.

c) O transporte e a armazenagem são ligados pelo objetivo de minimização de custos e tempos ao longo das cadeias de suprimentos. Um depende do outro para melhorar a eficiência de seus processos.

d) A gestão de inventários compreende a inter-relação operacional de fornecedores e compradores e de seus processos produtivos. O objetivo nas cadeias de suprimentos é reduzir custos de inventário por meio da minimização de lotes de entrega e entrega em prazos, locais e formas acordados.

e) O planejamento de uma cadeia de suprimentos parte de uma relação negocial, na qual há uma empresa central que coordena e determina os processos dos agentes (elos) dessa cadeia. Essa empresa recebe o nome de *empresa focal*.

3. Como se dá a interação entre o modo de transporte utilizado, a localização de armazéns, a escolha de embalagens e as condições de manuseio das mercadorias no planejamento do sistema de transporte entre um ou mais elos de uma cadeia de suprimentos?

4. Sobre a importância da gestão de custos nas cadeias de suprimentos e a relação entre custo total logístico e trocas compensatórias (*trade-offs*), assinale a(s) alternativa(s) correta(s):

a) Custos medem o desempenho das cadeias de suprimentos, ou seja, o atendimento de objetivos condicionado ao valor agregado aos acionistas. O custo total logístico é a somatória dos custos dos componentes logísticos, os quais, por sua vez, exprimem e são resultados das trocas compensatórias de custos dos componentes logísticos.

b) Custos são como as unhas e devem ser cortados sempre. O atendimento ao objetivo de minimização de custos de cadeias de suprimentos define seus resultados como um todo e possibilita a busca da satisfação dos clientes e a agregação de valor logístico aos produtos.

c) Custos são independentes do atendimento às necessidades dos clientes, os quais devem, por princípio, ser sempre mantidos satisfeitos e fidelizados.

d) Os custos logísticos têm como base a identificação e o controle do custo total de uma cadeia de suprimentos e, como tal, devem ser assumidos pela empresa focal da cadeia, que não tem preocupações com sua rentabilidade.

e) O conceito do custo total possibilita a definição da melhor alternativa de encaminhamento logístico, ou seja, cursos de ação possíveis devem ser avaliados por sua estimativa e ser selecionados pelo menor valor do custo total estimado, ainda que isso represente custos maiores para um ou mais componentes da cadeia.

5. O nível de serviço ao cliente é definido por quais atividades logísticas? O que pode diferenciar o nível de serviço de cada cliente?

Para saber mais

Grande parte dos setores de atividades conta com uma ou mais revistas especializadas, além de sítios, *blogs*, fóruns de discussão e *links* em redes de relacionamento. O setor de logística é um deles, e sítios de busca, como o Google, fornecem incontáveis exemplos – uma busca simples com o termo *logística* apresenta mais de 49 milhões de resultados.

    A seguir, sugerimos três revistas especializadas, nas quais são apresentados casos típicos, artigos, depoimentos de profissionais e informações de interesse aos profissionais da logística.

REVISTA LOGÍSTICA. Disponível em: <http://www.imam.com.br/logistica/>. Acesso em: 19 set. 2016.

REVISTA MUNDO LOGÍSTICA. Disponível em: <http://www.revistamundologistica.com.br/portal/index.shtml>. Acesso em: 19 set. 2016.

REVISTA TECNOLOGÍSTICA. Disponível em: <http://www.tecnologistica.com.br/>. Acesso em: 19 set. 2016.

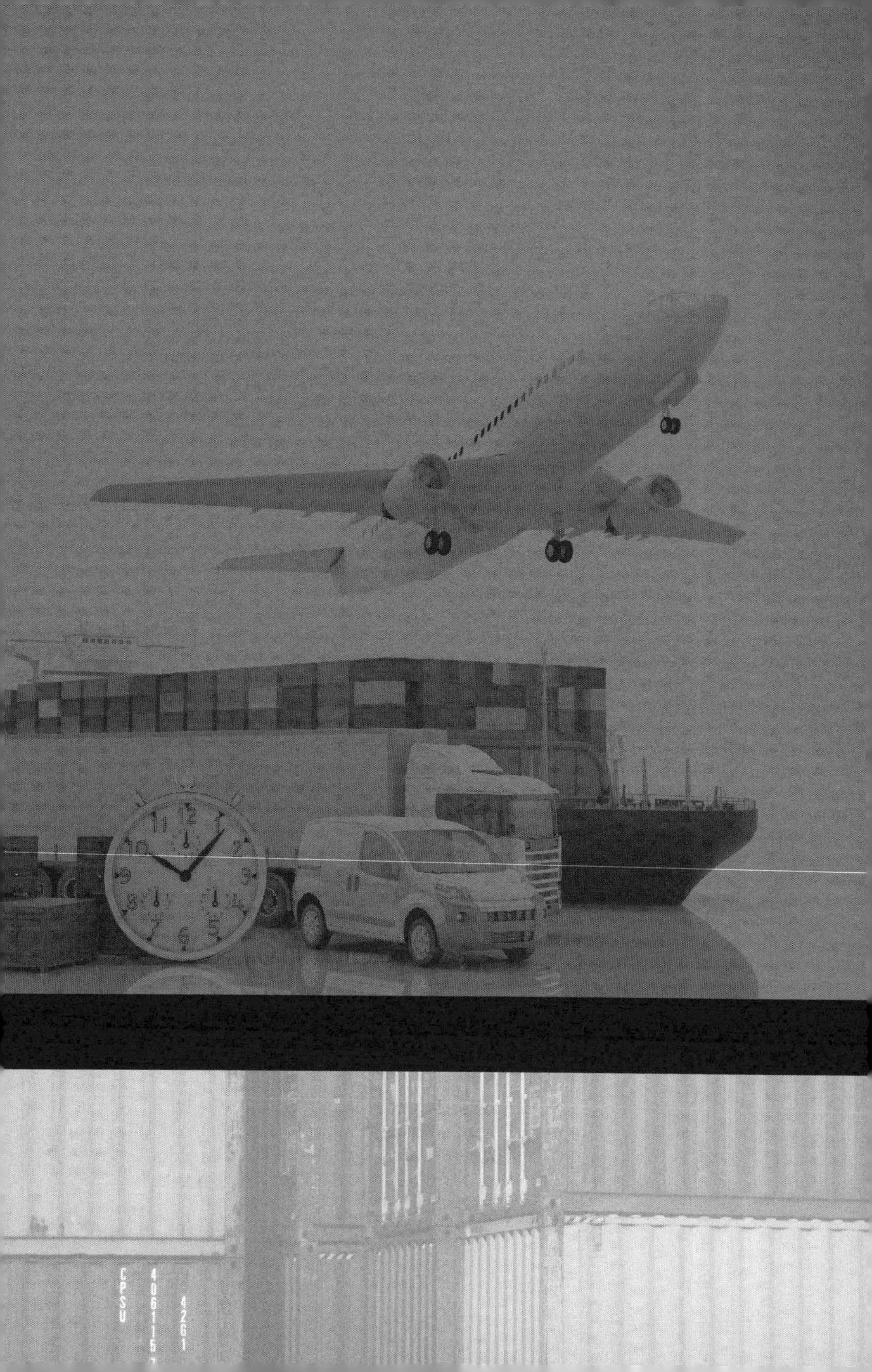

3

Projetos de redes de operações

Conteúdos do capítulo:

- Conceitos de redes de negócios e cadeias de suprimentos.
- Parcerias e mecanismos de coordenação.
- Caracterização e formas de contratação dos operadores logísticos.
- Alianças estratégicas na logística.

REDES DE NEGÓCIOS

, conforme Zaccarelli et al. (2008), constituem arranjos de diferentes tipos de negócio que mantêm vínculos e inter-relacionamentos, caracterizando cadeias produtivas, e que, por meio de fluxos de intercâmbio de produtos, informações e recursos financeiros, buscam a competição no que se convencionou denominar *cadeias de suprimentos*.

Os autores diferenciam o conceito de redes de negócios e do conceito de *cluster*[1] pela condição de aglomeração geográfica deste último e ressaltam que um dos princípios que regem esses arranjos empresariais é o da fidelização, ou seja, o processo de evolução das inter-relações em rede e a escala de sua intensidade.

Os benefícios das redes de negócios são resumidos por Zaccarelli et al. (2008, p. 104, grifo do original) no acrônimo DERIVA:

- **D**ivisão das competências necessárias ao negócio;
- **E**stoques reduzidos em função do Just-in-Time;
- **R**iscos reduzidos por compartilhamento;
- **I**nvestimentos inferiores ao de negócios isolados;
- **V**elocidade na adaptação ao mercado; e
- **A**gilidade nas relações com fornecedores e clientes.

Tais benefícios são muito semelhantes aos que podem ser associados às cadeias de suprimentos, nas quais é clara a interferência e até mesmo o estímulo às operações conjuntas e coordenadas resultantes da estratégia de ação da empresa focal.

---

[1] É a aglomeração por vizinhança de negócios correlatos ou que fazem parte de uma cadeia de suprimentos.

Perguntas & respostas

O que são arranjos produtivos locais?

A literatura acadêmica da administração trata de conceitos que se espelham na realidade e nas características dos negócios e, assim, focaliza a interdependência das relações empresariais na compra e venda de produtos e serviços e as interações com as sociedades, nas quais as organizações atuam direta ou indiretamente. Até o momento, vimos alguns deles, tais como *redes de negócios*, *cadeias de suprimentos* e *conglomerados* (*clusters*) ou *arranjos produtivos*. Alguns autores defendem que a complexidade e a extensão dos mercados globais têm levado as empresas a se organizarem de modo a estabelecer relações mais permanentes e com características de atuação conjunta para competição. Nesse contexto, arranjos produtivos caracterizam uma forma de conseguir isso, sendo que arranjos produtivos locais (APLs) são aglomerações de empresas em regiões específicas que compartilham competências e recursos em redes de negócios e interagem com entidades locais (governo, associações de classe, agências de fomento etc.). Os APLs são importantes fatores de desenvolvimento regional.

A administração da cadeia de suprimentos (ACS) corresponde, conforme mencionamos, à gestão e ao controle de fluxos de materiais e de informações, que são viabilizados por fluxos financeiros entre as empresas componentes dessa cadeia ou arranjo produtivo.

A Figura 3.1 demonstra uma configuração proposta por Slack et al. (2013) para uma rede ou cadeia de suprimentos na qual se apresentam as empresas envolvidas. Em uma relação imediata, estas são denominadas *primeira camada* (*first layer*) e, quando a relação se afasta da empresa focal da cadeia de suprimentos, são chamadas de *segunda camada* (*second layer*).

Figura 3.1 – Rede total e rede imediata de suprimentos

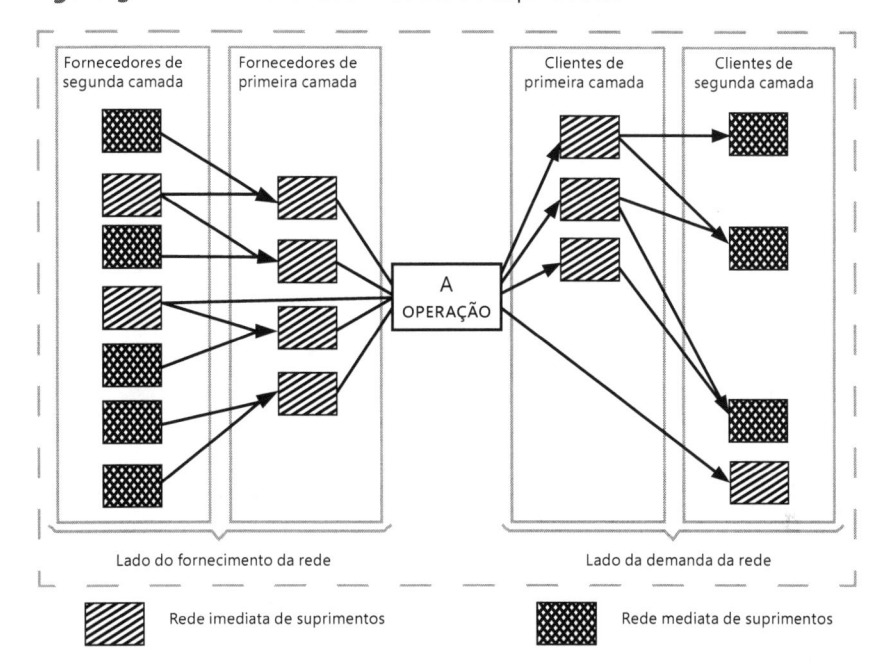

Fonte: Adaptado de Slack et al., 2013, p. 95.

Nesse contexto, a ACS diz respeito tanto às relações internas do processo produtivo quando às externas (as redes, ou seja, a jusante e a montante da empresa focal).

Assim, na posição de um fabricante, a montante, são intercambiadas informações relativas a planos e necessidades de longo prazo; comportamento do mercado; pedidos individuais ou personalizados; desenvolvimento de novos produtos e concepção de serviços associados; e fluxo de recebimento de insumos. A jusante, temos o fluxo físico de entrega de produtos e serviços associados e informações decorrentes. Esses fluxos são viabilizados pelo fluxo de pagamentos aos fornecedores (montante) e o recebimento das entregas de produtos (jusante) aos clientes.

A ACS parte de sua concepção e de seu projeto tendo em vista a atuação em mercados domésticos e internacionais, ao identificar e selecionar fornecedores, planejar e controlar as atividades de suprimento em andamento e as previstas e atuar firmemente na melhoria das capacidades dos fornecedores. Essas funções estão associadas às áreas de **compras** e de **aquisição das empresas** (*procurement*).

Isso também ocorre em relação aos clientes e consumidores, pois se deve identificar e selecionar os canais de distribuição que serão envolvidos no processo de entrega de produtos e serviços a eles. Essas funções estão associadas às áreas de *marketing* e **vendas**.

Note que, em ambos os casos, a logística é responsável pelo controle das transferências físicas de produtos e das informações entre as diversas camadas de fornecedores e os vários canais de distribuição. Novas concepções, como a do respeito ao meio ambiente, fazem com que a função da logística se estenda além do uso final dos produtos e incorpore a disposição final de produtos e embalagens, o que se convencionou denominar *logística reversa*.

Essas questões são consideradas na concepção e na gestão de projetos comuns nas redes de operações, entendidas como a inter-relação de ações nas cadeias de suprimentos, atendendo a estratégias estabelecidas pela empresa focal e com o acordo dos participantes.

> **Redes de negócios** se definem na inter-relação de empresas que atuam de forma conjunta, explicitamente ou não, em um mercado. Assim, temos redes de negócios referentes aos conglomerados (*clusters*) de empresas localizadas próximas ou em uma mesma região e empresas que atuam em conjunto no mercado trocando informações e compartilhando recursos, tendo como base as diretrizes da empresa líder (focal). **Redes de suprimentos** ou **cadeias de suprimentos** dizem respeito a um conjunto de empresas (elos) que atuam em um mercado sob a liderança de uma empresa focal, que interliga as camadas ou níveis (*layers*) de fornecedores e ações dos canais de distribuição até os clientes/usuários finais. Redes de operações constituem-se no rebatimento no nível operacional das relações e ações conjuntas acordadas nas cadeias de suprimentos e nas redes de negócios.

3.1 Caracterização das redes de operações

Christopher (2007) ponderou que, embora a existência de redes de negócios não seja um fenômeno recente, sua organização como arranjos de empresas ligadas virtualmente o é, caracterizando-se como entidades que compartilham e compõem o conjunto de habilidades e capacidades especializadas dos membros da rede. Ou seja, a troca de informações com valor agregado é essencial para o êxito das organizações em rede, o que significa que a informação a jusante sobre a demanda, ou sobre o uso, passa a ser visível para todos os membros a montante da cadeia de suprimentos.

> As cadeias de suprimentos representam a evolução de empresas que abordam o mercado **unilateralmente**. Isso se dá por meio de uma atuação na qual um grupo de empresas estabelece redes de negócios com o objetivo de alcançar e manter uma posição competitiva em relação a outras que atuam no mercado.

O Quadro 3.1 apresenta um resumo dessa evolução, isto é, de transações unilaterais para a administração em redes de negócios ou em cadeias de suprimentos.

Quadro 3.1 – Comparação entre a administração baseada em transações unilaterais e a baseada em redes de negócios

Transações unilaterais	Transações em redes de negócios
Relações de curto prazo	Relações de longo prazo
Múltiplos fornecedores	Poucos fornecedores
Relações conflituosas	Relações de cooperação
Predominância das questões relativas a preços	Predominância de serviços de valor agregado
Investimentos mínimos por parte de fornecedores	Investimentos altos tanto de compradores como de fornecedores
Compartilhamento mínimo de informações	Compartilhamento amplo de informações relativas a produtos, *marketing* e logística

(continua)

(Quadro 3.1 – conclusão)

Transações unilaterais	Transações em redes de negócios
As empresas são independentes	As empresas são interdependentes e tomam decisões em conjunto
Interação mínima entre as áreas funcionais das empresas	Interação ampla entre as áreas funcionais dos compradores e dos fornecedores

Fonte: Adaptado de Ross, 1998, p. 61, tradução nossa.

Esse resumo deixa claro que a evolução das redes de negócios, na dimensão das cadeias de suprimentos, diz respeito ao intercâmbio intenso e aberto de informações entre compradores e fornecedores, como será explorado no Capítulo 4, que trata dos sistemas e das tecnologias de informação aplicados a cadeias de suprimentos.

O intercâmbio de informações, a par da compatibilização dos sistemas entre os participantes, implica também o desenvolvimento de relações interpessoais entre os gerentes das empresas envolvidas. Essas relações podem evoluir na direção de parcerias efetivas, as quais devem ser qualificadas, pois as condições de negociação nas cadeias de suprimentos são **assimétricas**, sendo que a empresa focal configura e determina os atributos de produtos e serviços associados que fluem ao longo dessas cadeias (Robles, 2001).

A Figura 3.2 apresenta as características que devem ser levadas em consideração na determinação das redes de negócios e de operações entre as organizações, conforme proposto por Slack et al. (2013). Os autores relacionam os objetivos da rede de negócios – **qualidade, velocidade, confiabilidade, flexibilidade** e **custo** – com as áreas de decisão e de uso de recursos – **capacidade, estratégia de rede de operações, tecnologia de processo** e **desenvolvimento e organização** –, sendo o objetivo maior o de conseguir manter e aumentar a competitividade no mercado.

Em relação à **qualidade**, devemos atentar para a condição de qualidade percebida, isto é, a entrega do produto na forma, no tempo e na quantidade acordados com os clientes. A **velocidade** também é acordada e, assim, a entrega não deve ser feita nem antes nem depois. No caso do *e-commerce*, ela é crítica. Quanto à **confiabilidade**, há um espectro mais amplo e duas mãos, ou seja, "eu compro, você entrega o que comprei e eu pago o acordado". A **flexibilidade** diz respeito à capacidade de reagir a contingências, como avarias ou o não atendimento às especificações do produto. Já o **custo** vai além do valor do produto e se refere, por exemplo, à comodidade de compra (*e-commerce*), à inserção do produto na produção e à gestão de inventários (entregas *just-in-time*).

Figura 3.2 – Estratégia da rede de operações

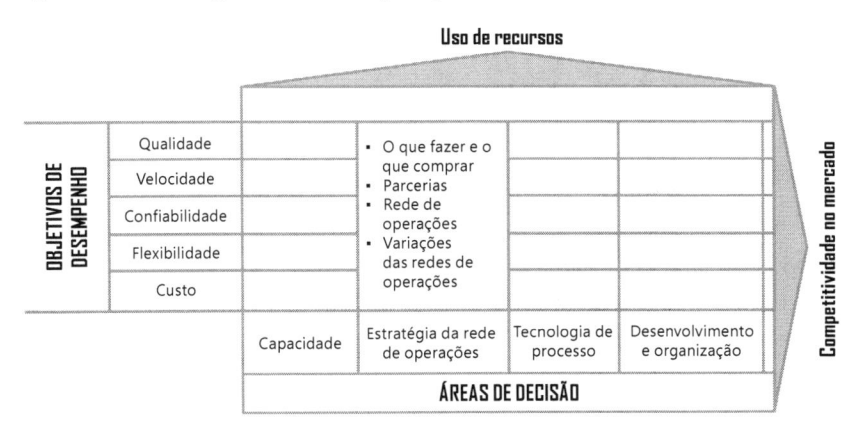

		Uso de recursos			
OBJETIVOS DE DESEMPENHO	Qualidade		• O que fazer e o que comprar • Parcerias • Rede de operações • Variações das redes de operações		**Competitividade no mercado**
	Velocidade				
	Confiabilidade				
	Flexibilidade				
	Custo				
		Capacidade	Estratégia da rede de operações	Tecnologia de processo	Desenvolvimento e organização
		ÁREAS DE DECISÃO			

Fonte: Slack et al., 2013, p. 69.

Na dimensão das cadeias de suprimentos, as redes de negócios representam inter-relações definidas em comum acordo pelas empresas no que se refere às necessidades do mercado e aos recursos de operações. Nessa dimensão, as redes de negócios se expressam em redes de operações, conforme proposto por Slack et al. (2013) na Figura 3.2.

O projeto das cadeias de suprimentos deve responder ainda às seguintes questões:

- O que fazer com recursos próprios e o que terceirizar?
- Como se identificam e se estabelecem relações de negócio e como estas podem evoluir para parcerias?
- Como a rede de operações se constituirá? Com quais participantes? Quais as responsabilidades mútuas e individuais?
- Como, quando e por quem o desempenho da rede de operações será medido?
- Quais medidas de contingência estão previstas para variações? Quais são os cursos de ação para sua solução ou encaminhamento de solução?

Nesse contexto, os projetos de rede se apoiam na **análise** e na **avaliação do mercado de atuação**, que podem ser feitas, como vimos anteriormente, com base na identificação das cinco forças propostas por Porter (1998), ou, como resumem Slack et al. (2013), na posição de mercado da empresa e na que se pretende atingir com a rede ou cadeia de suprimentos, nos riscos de mercado (as ameaças de novos entrantes e de novos produtos indicadas por Porter), no comportamento dos concorrentes (condições de rivalidade) e na estrutura de mercado, ou seja, a concentração do mercado em poucos ofertantes ou poucos compradores.

Em relação aos recursos das operações, o projeto de rede deve identificar e apontar formas de aproveitamento de eventuais economias de escala decorrentes da rede; dimensionar os custos de transação nas inter-relações da rede; promover o aprendizado na atuação de mercado e no desenvolvimento de ações conjuntas na cadeia; e avaliar eventuais deficiências de recursos, que podem ser de tecnologia, necessidade de investimentos em instalações e equipamentos e sistemas e tecnologia da informação, que são vitais para o desenvolvimento da rede e o atendimento de seus objetivos.

A Figura 3.3 mostra a natureza das relações entre os recursos de operações e os requisitos de mercado do ponto de vista da organização, ou seja, suas características de produção e impactos para fazer frente, de forma competitiva, às exigências do mercado de atuação.

Figura 3.3 – Natureza dos relacionamentos na rede de operações

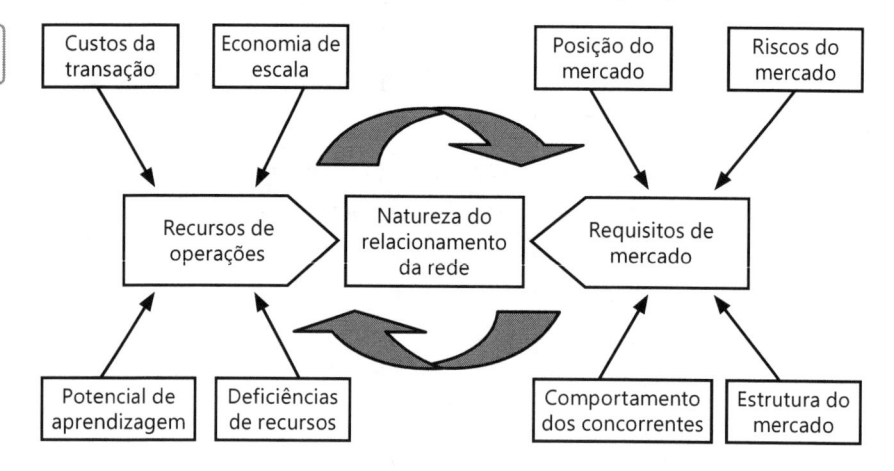

Fonte: Adaptado de Slack et al., 2013, p. 94.

Como vimos, cadeias de suprimentos são formas ampliadas de redes de operações e, assim como nas redes de negócios, uma empresa focal comanda as relações entre os participantes. De forma semelhante se dá a conceituação de cadeias logísticas, as quais englobam as redes de transportes.

3.1.1 Redes de transporte

As atividades de transporte constituem as mais visíveis e de maior custo nas cadeias de suprimentos. Sua importância se reflete no desempenho das cadeias ao definir decisões operacionais tendo em vista o nível de serviço relativo a cronogramas, rotas e *lead time*.

O quadro 3.2 destaca as vantagens e as desvantagens das redes de transporte.

Quadro 3.2 – Vantagens e desvantagens das redes de transporte

Estrutura de rede	Vantagens	Desvantagens
Entrega direta	Não tem depósito intermediário Fácil de coordenar	Grandes estoques relativos a tamanhos grandes de lotes
Entrega direta em *milk run*	Redução dos custos de transporte para lotes pequenos Redução de estoques	Coordenação mais complexa
Todas as entregas via centro de distribuição (CD) centralizado com armazenagem de estoque	Redução do custo de entrega do transporte por meio de consolidação	Maior custo de estoque Mais manuseio no CD
Todas as entregas via CD centralizado com *crossdocking*	Necessidades reduzidas de estoques Redução no custo de transporte por conta da consolidação	Coordenação mais complexa
Entrega via CD utilizando *milk run*	Redução do custo de saída do transporte para pequenos lotes	Coordenação ainda mais complexa
Rede sob medida	Escolha do transporte mais adequado às necessidades individuais do produto ou da loja dos clientes	Coordenação muitíssimo complexa

Fonte: Adaptado de Chopra; Meindl, 2003, p. 278.

Como vemos no quadro proposto por Chopra e Meindl (2003, p. 278), há diferentes estruturas de redes de entrega, quais sejam:

- entrega direta;
- entrega direta por *milk run*, um tipo de entrega em que se aproveita ao máximo o veículo que percorre uma rota racional dos destinos das cargas;

- entregas via centros de distribuição (CDs), com armazenagem intermediária, operações diretas de transbordo nas instalações de recebimento e expedição de veículos (*crossdocking*) ou com o CD na rota do *milk run*;
- rede de entregas sob medida, personalizada para um cliente ou rede de clientes.

Uma das questões básicas que devem ser tratadas nos projetos de redes de transporte diz respeito às atividades relativas aos componentes logísticos, sendo necessário decidir se devem ser realizadas internamente ou se é preciso contratar (terceirizar) a prestação desses serviços. Essa decisão implica a estruturação das formas de relação entre as empresas e os prestadores de serviços logísticos integrados (*Third Party Logistics Providers* – 3PLs), conforme apresentamos na seção a seguir.

3.2 Parcerias em cadeias de suprimentos e mecanismos de coordenação

A decisão entre fazer internamente ou terceirizar a prestação de serviços logísticos é fundamental para a concepção das redes de negócios. Para tanto, é necessário analisar as seguintes questões:

- Existe na empresa o conhecimento das condições da prestação dos serviços?
- O parceiro externo pode contribuir com algo novo para essa prestação?
- O mercado é transparente e é fácil de lidar com ele?
- Existe alguma vantagem em atuar no mercado diretamente?
- A terceirização propiciará reduções de custos e de tempos na prestação?

De acordo com Christopher (2007), o objetivo principal de qualquer estratégia de serviço para os clientes é **reduzir os custos de aquisição por eles**, ou seja, o serviço deve proporcionar valor efetivo aos clientes, e esse valor precisa incorporar as condições logísticas da entrega do produto na integração sob o ponto de vista deles. Não se trata de simplesmente agregar ao preço do produto o custo da entrega, mas de analisar e identificar em conjunto a melhor alternativa logística para tal, de modo a tornar a transação mais vantajosa para ambos, cliente e empresa.

Nesse contexto, o composto "produto – serviços logísticos" representa um deslocamento de custos dos clientes para o fornecedor e, como tal, ao ser gerenciado adequadamente, pode representar uma fonte de vantagem competitiva para o fornecedor, para o comprador e, consequentemente, para as cadeias de suprimentos.

Na administração das redes de negócios na dimensão das cadeias de suprimentos, não cabe apenas a uma empresa buscar a excelência na gestão interna de seus processos ou a excelência de sua interação na cadeia. Essa busca deve ser conjunta e compartilhada, sendo cada vez mais necessário mapear e coordenar as cadeias de suprimentos, identificando as ameaças e as oportunidades no ambiente externo e garantindo o nível de serviço aos clientes finais.

Elos fortes e elos fracos se apresentam nas redes de operações. Assim, para sua gestão, a responsabilidade deve ficar com um dos participantes da rede, a **empresa focal**. Por exemplo, nas cadeias de suprimentos do setor automobilístico, o elo mais forte é a montadora de veículos, e os elos mais fracos, seus fornecedores (por exemplo, o fornecedor dos blocos óticos montados nos veículos). Os elos fortes são os que determinam as regras de operação da rede, cabendo aos elos fracos ajustar-se às demandas das operações.

Nas cadeias de suprimentos, tanto no Brasil como em outros países, tem-se adotado a estratégia da **terceirização da prestação de serviços logísticos** como forma de assegurar o atendimento às necessidades dos clientes, com o melhor nível de serviço e a um custo total logístico mais reduzido, conforme destacamos na próxima seção.

3.2.1 Prestação de serviços de logística e operadores logísticos

Uma das transformações mais importantes no setor de serviços logísticos diz respeito ao aparecimento e à consolidação da figura dos **operadores logísticos**, os 3PLs. Esses prestadores, no Brasil e em outros países, têm origem em empresas prestadoras de serviços de transporte, de armazenagem ou de outros componentes da logística. Em resposta às demandas de mercado, os operadores logísticos evoluíram para uma prestação de serviços mais sofisticada e abrangente.

Um relatório recente do Instituto de Logística e Supply Chain (Ilos, 2014), uma empresa nacional de consultoria especializada, apresentou as seguintes informações: "No Brasil, dois terços dos gastos das empresas com logística são direcionados ao pagamento de prestadores de serviços logísticos, e a expectativa é que 40% das indústrias nacionais ampliem o seu nível de terceirização até 2016" (Ilos, 2014).

Os operadores logísticos se consolidaram no contexto de terceirização das atividades logísticas e, conforme Bowersox, Closs e Cooper (2006), sua origem é a prestação de serviços relativos aos componentes logísticos. No âmbito de redução de custos das empresas, elas passaram a oferecer uma gama abrangente de serviços. No Brasil, segundo Robles (2001), aconteceu o mesmo, e é anedótico no setor dizer que a empresa "Fulano e Filho Transportes" se transformou em "Fulano e Filho Logística Integrada".

Robles (2001, p. 42-43) destaca ainda que

> O notável nesse processo, no país, é a instalação de grandes empresas multinacionais num contexto de *global sourcing*, prática [...] comum nas empresas multinacionais, aqui implantadas. Essa instalação tem se dado por investimentos diretos com a implantação de subsidiárias, pelo estabelecimento de acordos acionários (*joint ventures*) ou pela aquisição de empresas nacionais especializadas.

A seguir, apresentamos a caracterização dos operadores logísticos. Antes, é importante observarmos que a presença de operadores logísticos internacionais no mercado brasileiro deve-se tanto à abertura da economia nacional como ao rebatimento de contratações externas (*global sourcing*) de empresas multinacionais localizadas no país.

3.2.1.1 Caracterização dos operadores logísticos

O Council of Supply Chain Management Professionals (CSCMP, 2013) define *operadores logísticos* (3PLs) como a **terceirização** de toda ou da maior parte das operações logísticas para uma empresa especializada e esclarece que o termo *3PL* foi usado pela primeira vez no começo dos anos 1970 para designar empresas que prestavam serviços de transporte intermodal, alterando as formas tradicionais de contratação de transporte, usualmente apenas entre embarcadores (*shippers*) e transportadores (*carriers*), com o aparecimento de intermediários.

De sua origem na contratação de transporte, o termo *3PL* se estendeu a qualquer provedor de serviços logísticos, com a condição de que esses serviços sejam integrados e prestados pelo provedor. O CSCMP identifica entre esses serviços os de transporte, armazenagem, *crossdocking* (transbordo com carregamento simultâneo), gestão de inventários, embalagem e agenciamento de transportes, ou seja, os componentes logísticos.

Na indústria automobilística, por exemplo, há a ampliação dos serviços prestados por operadores logísticos, pois assumem tarefas relativas a submontagens e à concepção de soluções e projetos logísticos. Além disso, mais especificamente em relação ao fluxo de informações na logística integrada, têm sido exigidas dos operadores logísticos capacitações no desenvolvimento e na implantação de sistemas e, com muita ênfase, seu domínio de tecnologias para o desenho e a análise de soluções logísticas.

Perguntas & respostas

Como se dá a atuação dos 3PLs no Brasil?

No Brasil, a exemplo de outros países, os operadores logísticos têm origem em prestadores de serviços de transporte ou armazenagem, e a disseminação de sua atuação se deve a vários fatores, quais sejam: a abertura da economia brasileira, a estabilidade monetária a partir da metade dos anos 1990, a extensão de contratos internacionais para subsidiárias de empresas multinacionais instaladas no país, especialmente na indústria automobilística, e a estratégia das empresas de reduzir custos de contratação. Dessa forma, o escopo de atuação é bastante ampliado, incorporando ferramentas de gestão de inventários e a prestação completa de serviços (transporte, embalagem, entrega *just-in-time* (JIT), rastreabilidade das cargas, procedimentos fiscais e aduaneiros, submontagens etc.).

Esses requisitos, cada vez mais importantes nos processos de contratação de operadores pelas organizações, estimulam a incorporação dos serviços logísticos e sua extensão para fornecedores e clientes a seus sistemas integrados de gestão empresarial, no sentido amplo da ACS.

O Quadro 3.3, traz a comparação entre as características dos prestadores de serviços tradicionais e as dos operadores logísticos.

Quadro 3.3 – Características dos prestadores de serviços logísticos tradicionais e dos operadores logísticos

Prestador de serviços tradicionais	Operador logístico integrado
Serviços genéricos – *commodities*.	Serviços sob medida – personalizados.
Tende a se concentrar em uma única atividade logística. Por ex.: transporte ou armazenagem.	Oferece atividades múltiplas e integradas – transporte, gestão de inventário, sistemas de informação, armazenagem etc.
Contratante do serviço objetiva a minimização do custo específico da atividade contratada.	O objetivo é reduzir os custos totais da logística, explorando *trade-offs*, melhorando serviços e ofertando mais flexibilidade.
Contratos de serviços tendem a ser de curto a médio prazo (um a dois anos).	Contratos de serviços tendem a ser de prazo mais longo (dois a cinco anos).
Conhecimento limitado e especializado – transporte, embalagem, armazenagem etc.	Oferece capacitação ampla em planejamento logístico, assim como sua operacionalização.
Contratos com tempo relativamente menor em negociações.	Negociações para contrato tendem a ser mais demoradas e sofisticadas.
Acordos mais simples, com custos de mudança relativamente mais baixos.	A complexidade dos acordos leva a custos de mudança mais altos.

Fonte: Adaptado de Razzaque; Sheng, 1998, citados por Robles, 2001, p. 45.

É importante frisar que essa transformação não se deu em um único instante e da mesma forma, ou seja, ela se mostrou como tendência, e o mercado exigiu, tanto do lado da demanda como do da oferta, que transportadores de carga, despachantes aduaneiros e armazenadores se unissem para uma atuação conjunta, muitas vezes como empresas contratadas e vinculadas a um operador logístico, que é contratado, por sua vez, pela empresa principal demandante dos serviços logísticos integrados.

Dornier et al. (2007, p. 316) apontam que "Essas empresas montam um ramo de negócio independente e oferecem ampla gama de serviços de qualidade a um custo mais baixo [...] dos [...] [que os] realizados internamente". Note que essa condição não é uma regra geral e sua vantagem econômica deve ser verificada caso a caso.

Em relação aos serviços oferecidos, os autores indicam que são um composto de serviços fixos (transporte e armazenagem, por exemplo) e gerenciais e que podem ser classificados em quatro tipos diferentes, por complexidade e personalização:

serviços básicos, que não requerem grande coordenação; **serviços logísticos contratuais físicos**, que permitem a terceirização de alguns dos serviços físicos, enquanto a empresa ainda mantém controle da gestão; **serviços logísticos contratuais de gestão**, que subcontratam a gestão de um armazém ou frota de transporte existente; e por último, **logística contratual integrada**, que incorpora serviços físicos e funções gerenciais sob o operador logístico. (Dornier et al., 2007, p. 316, grifo do original)

A contratação de serviços logísticos tem se apresentado como uma prática comum e abrangente, em razão das necessidades ampliadas dos contratantes, determinando, assim, a expansão do escopo de atuação dos operadores logísticos.

3.2.1.2 Contratação de serviços de logística integrada

A contratação da prestação dos serviços de logística integrada, inserida no *marketing* industrial, apresenta-se na categoria de elemento intermediário no processo de produção e é, de forma crescente, encarada como fator de obtenção de vantagens competitivas, o que se reflete, por um lado, em um mercado crescente e, por outro, na preocupação do estabelecimento de procedimentos de contratação bastante detalhados. Muitas vezes, esse processo é visto como problemático nas empresas, que resistem à contratação desses serviços.

Um estudo realizado por uma empresa norte-americana de consultoria especializada na assessoria a processos de contratação de operadores logísticos (Logistics Consulting Group Inc. – LCG) apresentou três fatores para a resistência em relação à terceirização das operações logísticas, a saber: "operadores não oferecem níveis adequados de serviço, sistemas e capacidades; operadores não se mostram efetivos em custo quando comparados com operações internas bem gerenciadas; as operações na cadeia de suprimentos são muito complexas, grandes e críticas para serem terceirizadas" (LCG, 1998, citada por Robles, 2001, p. 46).

Essas questões comumente se apresentam mais como crenças do que baseadas em fatos concretos. Sua incidência e sua importância fazem com que elas tenham de ser tratadas, de forma sistemática, pelos operadores logísticos ao participarem de processos de concorrência, pois, como se sabe, elas podem permanecer, mesmo depois da contratação realizada.

> Crenças incorporadas às culturas empresariais têm de ser respeitadas, principalmente nos processos de terceirização, uma vez que estruturas de poder são modificadas e postos de trabalhos são alterados ou eliminados.

Para Dornier et al. (2007), a contratação de operadores logísticos deve se dar com base na definição de como a empresa se encontra antes dessa contratação, das melhorias esperadas e das formas de avaliação do desempenho do operador. Esse processo pode ser resumido nas seguintes questões:

- Quais objetivos devem ser alcançados com a terceirização, considerando-se ganhos, vantagens e desvantagens?
- Qual é o comprometimento da alta gerência e a capacidade do operador logístico no desenvolvimento do projeto de redes?
- Quando terceirizar? (É a avaliação geral de todo o sistema logístico da empresa e dos mercados a serem alcançados em relação a clientes e fornecedores.)

A LCG (1998) recomenda um guia de oito passos para o processo de contratação de operadores logísticos, conforme mostra a Figura 3.4.

Figura 3.4 – Processo para a contratação de operadores logísticos

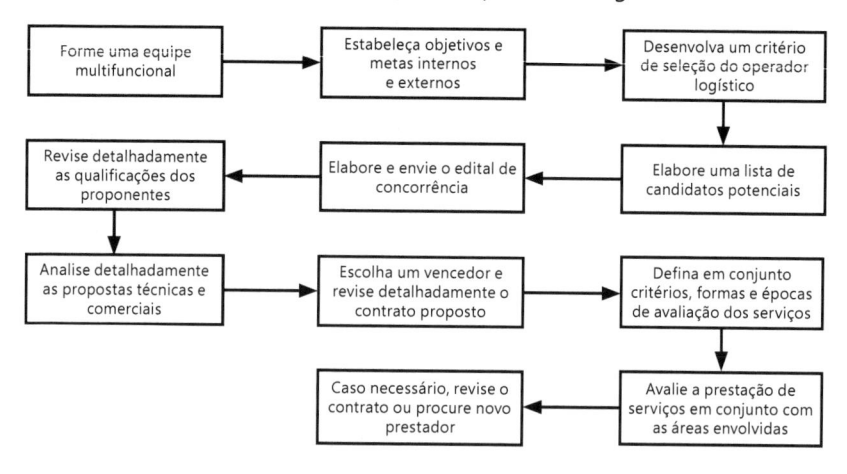

```
Forme uma equipe          →  Estabeleça objetivos e      →  Desenvolva um critério
multifuncional                metas internos                 de seleção do operador
                              e externos                     logístico
                                                                    ↓
Revise detalhadamente     ←  Elabore e envie o edital de  ←  Elabore uma lista de
as qualificações dos         concorrência                    candidatos potenciais
proponentes
     ↓
Analise detalhadamente    →  Escolha um vencedor e        →  Defina em conjunto
as propostas técnicas e      revise detalhadamente o         critérios, formas e épocas
comerciais                   contrato proposto               de avaliação dos serviços
                                                                    ↓
                             Caso necessário, revise o    ←  Avalie a prestação de
                             contrato ou procure novo        serviços em conjunto com
                             prestador                       as áreas envolvidas
```

Fonte: Adaptado de LCG, 1998, citada por Robles, 2001, p. 47.

Ainda segundo a LCG (1998, citada por Robles, 2001, p. 47-49), esse processo pode ser detalhado do seguinte modo:

1. **Formar uma equipe multifuncional** – As áreas participantes, normalmente, são: compras, vendas, *marketing*, produção, finanças e logística. Essa equipe deve contar com o apoio efetivo do principal executivo da empresa e, eventualmente, de consultor especializado.

2. **Estabelecer objetivos e metas internos e externos** – A equipe e a empresa devem ter claro o que se pretende com a terceirização, o que é determinado com base na avaliação das atividades logísticas atuais e de sua previsão. Esses objetivos e metas vão subsidiar a avaliação do andamento do contrato a ser firmado.

3. **Desenvolver critérios para a seleção do operador logístico** – Os critérios usuais e referentes à qualidade, ao custo, à capacidade e à capacitação para a prestação de serviços específicos serão as bases para a escolha do operador, devendo ser quantificados, e sua ponderação, estabelecida. Da mesma forma, devem estar explícitos nos editais de concorrência.

4. **Elaborar uma lista de candidatos potenciais** – Essa lista parte do conhecimento do mercado ofertante obtido pela internet ou de outras formas, inclusive por meio de operadores contratados por concorrentes. Sabe-se que o número de operadores potenciais para a contratação é restrito em função de sua especialização. Em seus setores de compra, muitas empresas têm critérios de qualificação de fornecedores e listas de fornecedores qualificados. Recomenda-se o envio da proposição a oito ou nove operadores e, na seleção final, a participação de três a quatro proponentes.

5. **Elaborar e enviar o edital de concorrência** – Esse edital deve conter todas as informações necessárias aos concorrentes, para que elaborem suas propostas técnicas e comerciais. Ele pode incluir a requisição de fornecimento de dados para qualificação dos fornecedores (organização, capacitações, clientes atuais etc.) e o prazo para apresentação das propostas, o qual deve ser compatível com a complexidade e a abrangência dos serviços a contratar.

6. **Revisar detalhadamente as qualificações dos proponentes** – As qualificações dos proponentes devem ser avaliadas como um todo, no que diz respeito à estabilidade financeira, à compatibilidade estratégica com o contratante, à cultura e à filosofia empresariais. A terceirização de serviços

logísticos é diferenciada e caracterizará um relacionamento estreito entre empresas. Assim, entre as qualificações dos proponentes, recomenda-se a análise da compatibilidade estratégica e cultural com o potencial contratado. Essa questão pode ser avaliada no contato com representantes e em visitas físicas às instalações do potencial contratado.

7. **Escolher um vencedor, revisar detalhadamente o contrato proposto e definir, em conjunto, critérios, formas e épocas de avaliação dos serviços** – Após a seleção do operador a ser contratado, o contrato deve orientar a interação das empresas, mas a natureza complexa das relações logísticas dificilmente permitirá uma formulação completa de seu conteúdo. As relações devem ser de confiança, ou seja, o operador não deve comprometer-se com algo que não tem capacidade de atender, assim como o contratante deve explicitar todas as informações sobre suas necessidades.

8. **Avaliar a prestação de serviços em conjunto com as áreas envolvidas e, caso necessário, revisar o contrato ou até mesmo buscar um novo operador** – A análise deve ser permanente e feita por representantes das áreas que compuseram a equipe funcional da contratação. O operador deve ter contraparte permanente para dirimir eventuais questões relativas a falhas ou acréscimos decorrentes de novas necessidades que aumentem o escopo dos serviços contratados. O mesmo acontece em eventuais reduções de escopo.

A contratação de serviços logísticos segue os princípios do *marketing* industrial *business to business* (B2B), um procedimento de compra racional e de prazo longo de maturação de que participam equipes de profissionais de diversas áreas em todos os passos do certame, no qual devem prevalecer critérios técnicos de decisão. No caso de operadores logísticos, também se apresentam questões relativas à reputação e a experiências anteriores com 3PLs, mas a prevalência é do critério de preços.

Outra constatação, conforme apontado por Robles (2001), é a de que negócios internacionais têm exigido a contratação de operadores logísticos globais (*global sourcing*) e a adequação das empresas nacionais a essas condições. Na seção a seguir, apresentamos exigências e perspectivas referentes aos operadores logísticos.

3.2.2 Exigências e perspectivas do setor de operadores logísticos (3PLs)

Copacino (1997), que exerceu cargo diretivo em uma empresa de consultoria empresarial, indicou os requerimentos que se apresentam aos operadores logísticos em função de um mercado exigente, seja pela qualidade e excelência da prestação de serviços, seja pela pressão contínua de redução de preços e custos. Dessa forma, segundo o autor, os serviços devem atender aos seguintes requisitos:

- **Serviços de qualidade superior** – Trata-se da oferta de serviços de qualidade certificados e consistentes com o desempenho e os resultados superiores dos clientes.
- **Proficiência reconhecida em sistemas de informação** – São sistemas de informação gerenciais que envolvem todos os componentes logísticos (sistemas de transporte, gestão da armazenagem, ciclos dos pedidos, gestão de inventários) e sistemas *efficient consumer response* (ECR), ou resposta eficiente ao consumidor, e *electronic data interchange* (EDI), ou intercâmbio eletrônico de dados, personalizados às necessidades dos clientes e dos clientes dos clientes.
- **Prestação completa de serviços** – Com o objetivo de reduzir os custos de contratações internas, as empresas estão buscando serviços logísticos integrados, como os de transporte, documentações e trâmites burocráticos aduaneiros, montagens parciais, serviços de engenharia, confecção de embalagens especiais e dedicadas, desconsolidação de cargas unitizadas. Os prestadores de serviços devem ofertar essa ampla gama de serviços.
- **Forte capacitação em análise e projetos logísticos** – Identificação, análise e recomendação de alternativas logísticas devem fazer parte do escopo de serviços oferecidos com base em ferramentas, metodologias de análise de viabilidade de novas técnicas e alternativas operacionais e logísticas para questões internas e dos clientes.
- **Foco no segmento de serviços** – A complexidade e a amplitude dos serviços oferecidos exigem que o operador logístico se especialize em um setor para entendê-lo e atendê-lo de forma integrada com serviços com valor agregado (o setor farmacêutico tem demandas completamente diferentes do automotivo, por exemplo).

Essa especialização tem induzido o aumento do porte dos operadores logísticos, ou seja, há um processo de crescimento dessas empresas, tanto por expansão ou fusão como por aquisição de outros prestadores de serviço, por consequência de contratos com grandes empresas e obrigações assumidas em médio e longo prazos.

A terceirização das atividades logísticas ainda contribui para as empresas se concentrarem em seu *core business* e delegar essas atividades secundárias para quem tem as operações logísticas como *core business*.

Lambert e Stock (1999) afirmam que as empresas sentem uma necessidade maior de adotar a terceirização das atividades logísticas para obter flexibilidade e agilidade em suas operações à medida que a variedade dos produtos aumenta e seu ciclo de vida diminui.

A amplitude dos serviços logísticos contratados e os modelos contratuais legais variam muito de acordo com o operador e com o país. Os operadores têm oferecido uma gama de serviços, conforme apontado por Robles, (2001, p. 67), quais sejam:

- administração e engenharia da cadeia de suprimentos;
- projeto e engenharia de soluções logísticas;
- engenharia de embalamento e confecção de embalagens;
- desconsolidação de embalagens, inclusive de contêineres, de peças e de componentes;
- armazenagem e controle de estoques;
- transportes;
- recebimento de peças e equipamentos e controle de qualidade;
- serviços de despacho aduaneiro e alfândega;
- submontagens de sistemas ou subsistemas de produção específicos, etc.

Martins e Laugeni (2005) apresentam as características dos serviços que devem ser avaliadas em cada contratação:

- **Alto contato com o cliente** – Na prestação de serviço, a presença do cliente é parte do processo.
- **Perecibilidade** – Serviços são intangíveis e não estocáveis; se não consumidos na hora, podem se perder.
- **Mão de obra intensiva** – Embora parte dos processos seja automatizada, pessoas prevalecem na prestação de serviços.
- **Controle do *lead time*** – O tempo de atendimento aos clientes deve ser acompanhado, assim como os *deadlines* (prazos contratados).

- **Dificuldade de medir a produtividade** – A medida de serviços é mais difícil em decorrência dos métodos de avaliação dos serviços/produtos (*outputs*) e recursos/insumos (*inputs*) nos sistemas envolvidos.
- **Dificuldade em medir a qualidade** – A qualidade em serviço é, muitas vezes, subjetiva na comparação entre o que os clientes pretendem e o que o fornecedor entende por ideal para a prestação do serviço.

Atualmente, no âmbito do Congresso Nacional, são discutidas a regulamentação das atividades terceirizadas e a incorporação das atividades-fim das empresas como passíveis de terceirização. No caso dos serviços logísticos, esse tema terá pouco efeito, pois os contratantes já são solidários com os contratados no que diz respeito a direitos trabalhistas, normas de segurança, treinamentos e equipamentos de proteção individual (EPIs). No entanto, a discussão que permanece é a relação entre as **atividades-fim** da organização (atuação no mercado) e sua **competência essencial** (*core competence*), a qual diz respeito às estratégias empresariais, sendo que a legislação trata da relação de trabalho na utilização de mão de obra própria e de terceiros.

Ao abordar as relações que se estabelecem entre operadores logísticos e a indústria automotiva no Brasil, Robles (2001) analisa se essas relações se configuram como alianças estratégicas ao representarem, efetivamente, ligações estreitas entre os negócios dos contratados e os dos contratantes. A seguir, apresentamos a caracterização do modelo de alianças estratégicas, conforme descrito por Robles (2001).

3.2.3 Modelo de parcerias e alianças estratégicas logísticas

A abrangência e a amplitude das contratações dos serviços de logística integrada têm levado a um processo de adequação da relação entre contratantes e contratadas em direção à formação de parcerias, ou, de uma forma mais avançada, de alianças estratégicas. A verificação dessa premissa foi a base para o desenvolvimento da tese de doutorado de Léo Tadeu Robles (autor desta obra), defendida no Departamento de Administração da Faculdade de Economia, Administração e Contabilidade da Universidade de São Paulo (FEA-USP), considerando-se que a prestação de serviços de logística é tão inserida na estratégia de competição empresarial que sua conformação natural nos contratos de terceirização atenderia às características de parcerias.

O estabelecimento de parcerias, questão usual nas empresas, apresenta diferentes níveis de profundidade e integração, sendo fundamental o entendimento das possibilidades em questão, de modo a adotar a mais adequada para o negócio ou a cadeia de suprimentos. Essas características foram analisadas no estudo realizado por Robles (2001), em que foram abordados os modelos de Lambert, Emmelhainz e Gardner (1996), a proposição de Kanter (1994) e a discussão de Bowersox (1998) sobre as condições para a formação de alianças logísticas estratégicas na logística, conforme destacamos na seção a seguir.

Perguntas & respostas

No Brasil, as parcerias com 3PLs tendem a se transformar em alianças estratégicas?

As relações de parceria, embora comuns e disseminadas, não se apresentam como alianças estratégicas, conforme concluiu Robles (2001), ao analisar a indústria montadora de automóveis. Apesar da forte interdependência estabelecida em contratos, a prática ainda é a da busca de minimização de custos com certames de contratação constantes, muitas vezes, durante a vigência de contratos de longo prazo (três a cinco anos). A atuação dos 3PLs faz-se presente e crítica para os processos produtivos, mas o poder de negociação é detido pelas montadoras, e os contratados se engajam pelo porte de negócios oferecidos e pela reputação que ganham por atuarem no setor.

3.2.3.1 Modelo de parcerias

Entende-se como *modelo* uma representação da realidade, cujo objetivo é analisar e replicar as relações que se estabelecem em determinado fenômeno. Nesse contexto, Lambert, Emmelhainz e Gardner (1996) desenvolveram, com base em uma categorização de inter-relações empresariais, um **modelo de avaliação de parcerias em relações existentes ou propostas**. O fundamento dos autores é o de que parcerias apresentam custos e representam esforços que exigem, para elas valerem a pena, sua compatibilização com as características de situações particulares. Para os autores, as parcerias entre empresas são uma "Relação de negócios desenvolvida de forma específica, baseada na confiança mútua, abertura, riscos e recompensas compartilhados que leva a uma vantagem competitiva, resultante de um desempenho de negócio melhor do que seria conseguido pelas empresas individualmente" (Lambert; Emmelhainz; Gardner; 1996, p. 2, tradução nossa).

Para parcerias interempresariais, os autores propõem as mesmas condições de outras relações, ou seja, confiança mútua e compartilhamento de riscos e de resultados na obtenção de objetivos comuns. Ora, como se sabe, essas condições ideais requerem um cuidado maior pelo dispêndio de tempo e esforço na busca de entendimento e consenso. No caso de empresas, esse relacionamento se dá por relações interpessoais e com base em critérios teoricamente racionais. Essa questão será discutida mais adiante ao analisarmos a abordagem de Kanter (1994), a qual foi levada em consideração em Lambert, Emmelhainz e Gardner (1996).

Os autores, por meio de pesquisas aplicadas com executivos de empresas, identificaram parcerias (relações interempresariais) que iam desde relações comerciais esporádicas a outras mais permanentes e as categorizaram em três tipos (I, II e III) conforme o nível de abrangência, da relação comercial comum (*arm's length*) até *joint ventures* e integração vertical, como mostra a Figura 3.5.

Figura 3.5 – Tipos de relacionamentos interempresariais

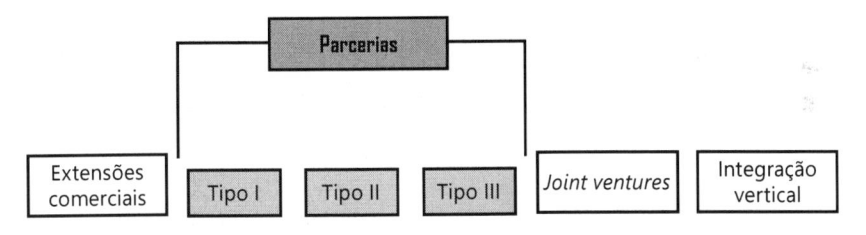

```
                    Parcerias
   ┌──────┬──────┬──────┬──────┬──────┐
Extensões  Tipo I  Tipo II  Tipo III  Joint ventures  Integração
comerciais                                            vertical
```

Fonte: Adaptado de Lambert; Emmelhainz; Gardner, 1996, citados por Robles, 2001, p. 56.

A relação **extensão comercial**, segundo os autores, refere-se a uma relação comercial comum, em que produtos ou serviços são comercializados com grupos amplos de clientes em termos e condições-padrão, sendo finalizada com a entrega de produtos e o recebimento dos pagamentos.

Já *joint ventures* (fusão ou aquisição da empresa com a qual se mantêm relações comerciais comuns) se refere a empreendimentos comerciais conjuntos que, normalmente, envolvem o uso comum de propriedade das empresas envolvidas e **integração vertical**.

As parcerias tipos I, II e III, com graus crescentes de integração, são descritas assim por Lambert, Emmelhainz e Gardner (1996, p. 2, tradução nossa):

- **Tipo I**: As organizações se reconhecem como parceiras e, numa base limitada, coordenam suas atividades e planejamento. A parceria, usualmente, é de curto prazo e envolve somente uma divisão ou área funcional de cada organização.
- **Tipo II**: As organizações se relacionam além da coordenação de atividades na direção de sua integração. Embora não seja esperado que dure "para sempre", a parceria tem horizonte de longo prazo, e múltiplas divisões e funções das empresas estão envolvidas na parceria.
- **Tipo III**: As organizações compartilham um nível significativo de integração operacional. Cada parte encara a outra como sua própria extensão e, tipicamente, não existe uma "data final" para término da parceria.

O modelo de avaliação pelas empresas de parcerias atuais ou propostas é composto de três elementos: **direcionadores** (*drivers*), **facilitadores** e **componentes que conduzem a resultados**, conforme ilustra a Figura 3.6.

Figura 3.6 – Modelo de avaliação de parcerias

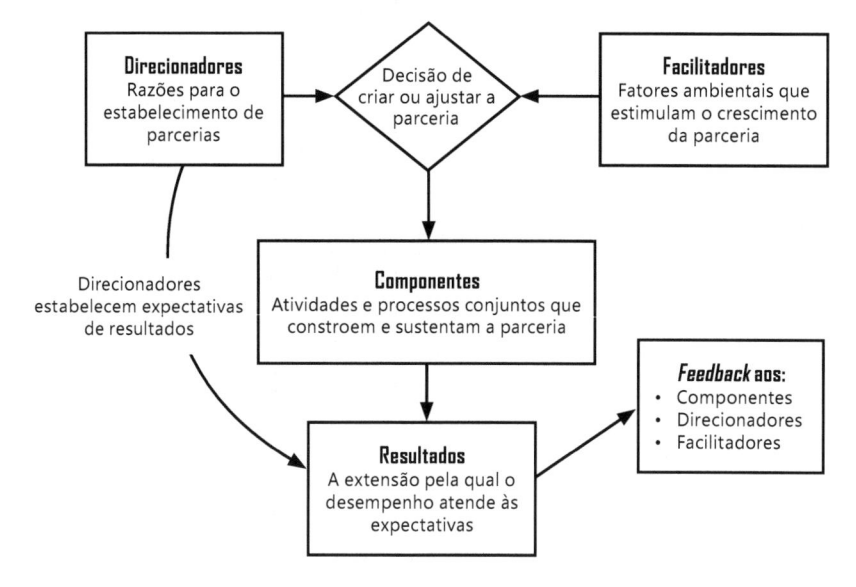

```
    Direcionadores                                    Facilitadores
    Razões para o          Decisão de            Fatores ambientais que
    estabelecimento de  ← criar ou ajustar a  ←  estimulam o crescimento
    parcerias              parceria                da parceria
         │                     │
         │                     ▼
         │                 Componentes
   Direcionadores      Atividades e processos conjuntos que
   estabelecem expectativas  constroem e sustentam a parceria
   de resultados
                             │
                             ▼                     Feedback aos:
                         Resultados          →    • Componentes
                     A extensão pela qual o        • Direcionadores
                     desempenho atende às          • Facilitadores
                         expectativas
```

Fonte: Adaptado de Lambert; Emmelhainz; Gardner, 1996, citados por Robles, 2001, p. 57.

Os elementos que compõem o modelo de avaliação de parcerias são detalhados no Quadro 3.4 e têm como objetivo subsidiar executivos na verificação da necessidade efetiva de uma parceria e na determinação de qual tipo atende melhor a essa necessidade.

Quadro 3.4 – Elementos para a avaliação de parceiras

Direcionadores: Por quê?	Facilitadores: Como?	Componentes: O quê?
Eficiências de custo e ativos: transportes, informações etc.	**Compatibilidade das empresas**: cultura, objetivos estratégicos etc.	**Planejamento**: objetivos estratégicos comuns.
Serviços aos clientes: menores estoques, redução de tempo etc.	**Técnicas e filosofias gerenciais**: trabalho em equipe, *Total Quality Management* (TQM), empresariamento etc.	**Operações de controle conjuntas**: autonomia em decisões sobre a parceria.
Vantagem de *marketing*: composto de *marketing*, acesso a novos mercados etc.	**Convergência a objetivos mútuos**: metas conjuntas, informações compartilhadas etc.	**Comunicações**: *e-mails* conjuntos, reuniões frequentes, EDI etc.
Crescimento ou estabilidade do lucro: compromisso de volumes, produtividade etc.	**Simetria**: tamanho, participação de mercado, capacidade financeira, imagem, tecnologia etc.	**Compartilhamento de riscos e recompensas**: "destino compartilhado".
	Exclusividade	**Confiança e compromisso**: lealdade e foco no longo prazo.
	Concorrentes comuns	**Estilo do contrato**: contratos curtos e acordos informais.
	História anterior	**Escopo**: volume e sofisticação das atividades conjuntas.
	Usuário final comum	**Investimentos financeiros**: ativos, pessoal, tecnologia, P&D etc.
	Proximidade física	

Fonte: Adaptado de Lambert; Emmelhainz; Gardner, 1996, citados por Robles, 2001, p. 58.

Lambert, Emmelhainz e Gardner (1996, p. 6), no detalhamento dos elementos apresentados no Quadro 3.4, recomendam que, no avanço em direção a parcerias interempresariais:

- os **direcionadores** sejam comuns para ambas as partes e significativos para possibilitar expectativa realista de benefícios mútuos e de fortalecimento da parceria e sirvam de motivação aos parceiros;
- os **facilitadores** sejam abordados de forma conjunta pelas empresas, discutindo valores corporativos, filosofias e objetivos para a melhoria

das relações. A combinação de direcionadores e facilitadores define a adequação a um dos três tipos de parceria;
- os **componentes** sejam considerados como atividades e processos que fazem parte da parceria.

A configuração de parcerias para a competição no mercado se faz para que, por meio de relações próximas entre fornecedores, clientes e prestadores de serviços, as empresas em cadeia tenham melhores condições de sobrevivência e desenvolvimento. Lambert, Emmelhainz e Gardner (1996) ressaltam que não são em todas as situações que as parcerias são benéficas ou exitosas, e elas devem ser submetidas à avaliação com base no modelo de direcionadores, facilitadores e componentes.

Kanter (1994, p. 97, tradução nossa), em uma abordagem mais ligada às pessoas, apresenta **alianças interempresariais** como "vantagens colaborativas", ou seja, a exploração da qualidade de uma empresa de se tornar uma boa parceira, e **define** alianças como "sistemas vivos que evoluem progressivamente para a realização de suas possibilidades". A autora aproxima as alianças interempresariais às características das relações humanas formais e informais na premissa de que as alianças devem ir na direção de benefícios comuns entre os parceiros, em uma relação colaborativa, e não só de troca, e seu "controle" deve ser feito por estruturas interpessoais de mútuo aprendizado.

Talvez idealmente, Kanter (1994, p. 97, tradução nossa) considera que a aliança "entre empresas representa mais que só o negócio", argumentando que as parcerias empresariais não são feitas apenas racionalmente, e, em analogia às relações interpessoais, a autora divide o processo de alianças em **corte** (conhecimento e atração), **noivado** (formulação de planos e negócios conjuntos), **dia a dia** (operação e acomodação mútuas), **entendimento** (mecanismos de atuação conjunta) e **mudanças internas** (em virtude da aliança).

Assim, Kanter (1994, p. 98) propõe que as alianças interempresariais contemplem cinco níveis: a **integração estratégica**, a **tática**, a **operacional**, a **interpessoal** e a **cultural**, o que demanda que "cada uma das partes permita que os outros parceiros entrem nas suas organizações, o que implica um risco: o risco da mudança" [tradução nossa]. Nas empresas, por exemplo, com a contratação de um operador logístico, uma parte do processo produtivo passa a ser de responsabilidade deste terceiro (uma analogia próxima é a da empregada doméstica ou de uma babá), o qual, muitas vezes, tem cultura e comportamentos conflitantes com os do contratante.

Dessa forma, a autora recomenda a existência de um mecanismo de aprendizado mútuo de intercâmbio de informações com o parceiro, para evitar eventuais conflitos e obter o melhor resultado da parceria.

A exemplo das relações humanas, uma das fases críticas de uma parceria diz respeito ao seu término, conforme alerta Kanter (1994), e o terminar bem exige entendimento e respeito entre as partes.

Na fase de operação da parceria, a autora enfatiza:

> A administração efetiva das relações para construir vantagens colaborativas exige que os administradores sejam sensíveis a questões políticas, culturais, organizacionais e humanas. [...] o sucesso advém não do que você conhece, mas de quem você conhece. Relações interempresariais constituem um ativo-chave para os negócios, e saber nutri-las constitui-se numa habilidade gerencial essencial. (Kanter, 1994, p. 108, tradução nossa)

O modelo de avaliação de parecerias de Lambert, Emmelhainz e Gardner (1996) e as proposições de Kanter (1994) evidenciam as dimensões humana e cultural das relações interempresariais, que, muitas vezes, não têm o mesmo destaque que têm, por exemplo, os aspectos financeiros. Esses autores, no entanto, enfatizam que os aspectos humanos e culturais são determinantes em parcerias estratégicas bem-sucedidas.

3.2.3.2 Alianças logísticas estratégicas

Bowersox (1998, p. 332), ao abordar as alianças logísticas, destaca que elas "estão se tornando um lugar comum nos acordos de negócio", tornando-se "oportunidades para melhorar drasticamente a qualidade de serviços aos clientes". Para ele, alianças logísticas são acordos típicos referentes ao "provimento de serviços logísticos, projetados especialmente para o cliente, juntamente com a produção de mercadorias, ambos, em uníssono, fazendo a engenharia e atuando sobre sistemas que imprimem velocidade à entrega de mercadorias ao cliente" (Bowersox, 1998, p. 333).

Em relação aos prestadores de serviços logísticos, o autor pondera que o 3PL

> geralmente assume uma certa quantidade de riscos através de um acordo invocando penalidades, tais como redução automática de receitas, quando o

desempenho ficar abaixo do especificado. Por outro lado, os acordos frequentemente incluem recompensas por desempenhos superiores, [...] o risco pode também incluir investimentos de capital por parte do fornecedor. (Bowersox, 1998, p. 333, citado por Robles, 2001, p. 61)

As alianças logísticas constituem relações tripartites, em que o contratante delega ao operador logístico uma parte significativa de seu negócio, o relacionamento diário com fornecedores e distribuidores, exigindo sistemas complexos de controle e uma relação franca com o 3PL. Desse modo, conforme destaca Bowersox (1998, p. 338, citado por Robles, 2001, p. 61), as relações têm de ser equilibradas em termos econômicos e gerenciais, e a "aliança típica é um acordo de longo prazo, que se espera que sobreviva a flutuações características da maioria dos negócios".

Para o autor,

> O marco dessas associações é a cooperação. Uma forma eficaz de sinalizar a vontade de se trabalhar em conjunto é o estabelecimento de regras básicas para a operação, incluindo procedimento para resolução de conflitos, de tal modo que qualquer atrito que surja seja resolvido antes que venha a causar danos ao entendimento. (Bowersox, 1998, p. 338, citado por Robles, 2001, p. 61)

Um dos aspectos importantes das alianças logísticas é o **enfrentamento de resistências culturais** nas empresas contratantes, pois há um entendimento entre os funcionários de que a terceirização de uma atividade pode representar uma ameaça a seus empregos no futuro, uma vez que os 3PLs passam a ser responsáveis por atividades que anteriormente eram realizadas internamente. Com as alianças, também se verificam a convivência entre culturas empresariais diferentes e, mais ainda, a interdependência de desempenhos.

> Na indústria automotiva, por exemplo, a ocorrência de uma falha (falta ou desconformidade do fornecimento de peças) pode paralisar uma linha de montagem, e multas com valores muito altos podem inviabilizar o operador logístico, sem compensar as perdas decorrentes pela interrupção do processo produtivo. Na verdade, analogamente a uma condição doméstica (por exemplo, a contratação de uma nova babá), um contratante precisa de tempo para a eventual substituição do 3PL, sem ter certeza de que vai resolver o problema.

Desse modo, Bowersox (1998) recomenda que em uma aliança exista confiança entre as partes, além das negociações tradicionais de preços e multas, o que pode advir das seguintes diretrizes:

- visualize o acordo como uma implementação de um plano estratégico;
- encoraje os participantes envolvidos a considerarem suas funções em termos de processos com valor agregado;
- procure um acordo que alcance economias de escala e, ao mesmo tempo, divida os riscos inerentes;
- reconheça que os benefícios podem ser obtidos somente através de um relacionamento de longo prazo, e no qual as partes sejam interdependentes. Certifique-se de que a informação necessária para o bom funcionamento seja compartilhada;
- crie confiança entre as organizações propondo objetivos que não sejam ambíguos, estabelecendo funções claras, definindo regras firmes e medindo o desempenho rigorosamente;
- inicie a associação com um direcionamento realista, admitindo que, eventualmente, a aliança possa ser desfeita. (Bowersox, 1998, citado por Robles, 2001, p. 62-63)

O autor recomenda que essas diretrizes permeiem o processo de alianças logísticas como um todo, desde sua concepção, passando pela licitação até a contratação e a operação para obtenção de um relacionamento de confiança e interdependência dos envolvidos. Em outras palavras, a decisão de estabelecer alianças logísticas nessas condições deve ser compartilhada pela organização toda, sob pena de, no andamento do contrato, ocorrer a necessidade de rever ou interromper a relação, com todas as consequências negativas que possam surgir.

Mais uma vez, é importante a mudança de atitude dos executivos tanto das contratantes como dos operadores logísticos, na obtenção de relações de parceria satisfatórias para ambos.

Um exemplo desse tipo de contratação e inter-relação é a implantação do fornecimento JIT, que faz parte do conceito de produção enxuta, como relação tripartite, ou seja, a montadora estabelece um contrato de compra com a indústria de autopeças e com um 3PL, que é posto em contato com o fornecedor para operacionalizar a coleta de componentes na fábrica em dada forma, dia e hora e então os entrega à montadora. Essa relação compreende a reformulação dos procedimentos de atendimento no portão (*gate*) da fornecedora, a adequação à recepção do veículo do operador logístico e toda a documentação necessária para o trânsito da mercadoria.

Esse procedimento implica o compartilhamento de informações a respeito do programa de produção e a combinação entre as partes para a movimentação fluir conforme o acordado. Ou seja, a filosofia de ACS diz respeito a serviços logísticos abrangentes, nos quais as empresas contratantes lidam com parceiros logísticos de forma estreita e acordam indicadores de desempenho e instrumentos de controle, e a contratada fica responsável por uma relação de interdependência concebida e implantada para durar.

Perguntas & respostas

No Brasil, em quais setores os 3PLs estão presentes?

A prática de utilização de 3PLs abrange os mais diversos setores e suas características básicas replicam o observado na indústria automobilística, o que diz respeito à amplitude dos serviços oferecidos, dos processos de contratação complexos e de maior duração, dos prestadores especializados e da criticidade das atividades terceirizadas. Logicamente, essa amplitude depende do porte da empresa contratante. O setor farmacêutico é um exemplo de contratação de serviços logísticos especializados. Como exemplos, podemos citar a Coopercarga, empresa especializada em armazenagem frigorificada; a FedEx e a DHL, especializadas em entregas expressas; e grandes empresas multinacionais, como a Danzas (alemã), a Kuehne + Nagel (belga) e a Penske (norte-americana).

Estudo de caso

Serviços de logística integrada na indústria automobilística no Brasil

Este estudo de caso se baseia no apresentado por Robles (2001) em sua tese, na qual ele destaca que a extensão de serviços logísticos ao conceito de ACS tem como pioneira e benchmarking[2] a indústria automotiva. Essa tese teve como foco a indústria montadora automobilística no Brasil e foi desenvolvida com base em um estudo multicaso, com a aplicação de roteiro de entrevistas semiestruturadas a executivos de montadoras e a operadores logísticos contratados.

O foco no setor automotivo se justifica pelo fato de que esse setor, inicialmente no Japão e depois nos Estados Unidos, com a globalização, implantou em nível internacional a filosofia de relacionamentos entre empresas no conceito abrangente de ACS. No Brasil, não foi diferente; a relação de suprimentos entre montadoras e autopeças e a participação decisiva de 3PLs se estabeleceram, muitas vezes responsáveis por submontagens e pela relação com sistemistas (fornecedores de componentes integrados em sistemas automotivos).

A Figura 3.7, apresentada por Robles (2001), mostra, de forma resumida, o processo logístico de uma indústria automobilística brasileira, na integração via CKD (*completely knock-down*) e SKD (*semi knock-down*) de plantas no país ou no exterior, nas inter-relações das montadoras com seus fornecedores na montagem de veículos e no mercado de peças de reposição.

---

2   É um processo contínuo e sistemático para avaliar produtos e processos de trabalho de organizações que são reconhecidas como representantes das melhores práticas, com a finalidade de melhoria organizacional (Spendolini, 1992, p. 10). Além disso, "o benchmarking é uma metodologia utilizada pelas organizações para aperfeiçoar a gestão através da realização sistemática de levantamentos de dados e análises de práticas, processos, produtos e serviços prestados por outras organizações" mais bem posicionadas no mercado (IAPMEI, 2016, p. 4).

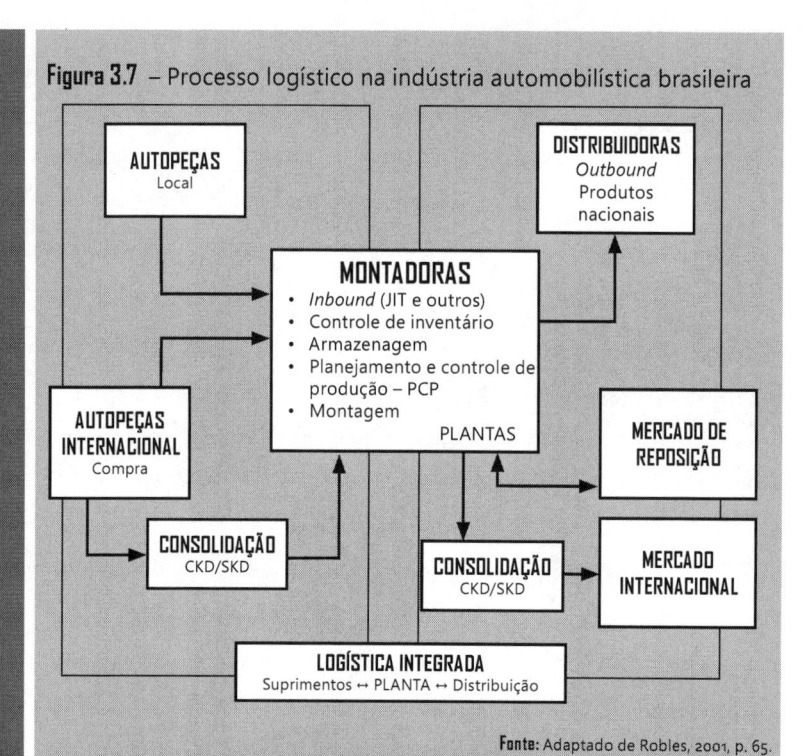

Figura 3.7 – Processo logístico na indústria automobilística brasileira

```
┌─────────────┐                              ┌──────────────┐
│  AUTOPEÇAS  │                              │ DISTRIBUIDORAS│
│    Local    │                              │   Outbound   │
└─────────────┘                              │   Produtos   │
       │                                     │   nacionais  │
       │         ┌──────────────────────┐    └──────────────┘
       │         │     MONTADORAS       │           ↑
       │         │ • Inbound (JIT e outros)│
       └────────→│ • Controle de inventário│
                 │ • Armazenagem        │
       ┌────────→│ • Planejamento e controle de│
       │         │   produção – PCP     │
┌─────────────┐  │ • Montagem           │    ┌──────────────┐
│  AUTOPEÇAS  │  │              PLANTAS │    │  MERCADO DE  │
│INTERNACIONAL│  └──────────────────────┘    │  REPOSIÇÃO   │
│   Compra    │         ↑         ↑          └──────────────┘
└─────────────┘         │         │                 ↑
       │  ┌──────────────┐    ┌──────────────┐    ┌──────────────┐
       └─→│ CONSOLIDAÇÃO │    │ CONSOLIDAÇÃO │───→│   MERCADO    │
          │   CKD/SKD    │    │   CKD/SKD    │    │INTERNACIONAL │
          └──────────────┘    └──────────────┘    └──────────────┘
                 ┌────────────────────────────────────┐
                 │        LOGÍSTICA INTEGRADA         │
                 │  Suprimentos ↔ PLANTA ↔ Distribuição│
                 └────────────────────────────────────┘
```

Fonte: Adaptado de Robles, 2001, p. 65.

Os sistemas CKD e SKD se referem à movimentação de veículos desmontados ou semidesmontados, de modo a melhor aproveitar a relação "peso e volume" dos contêineres utilizados em seu transporte. A ideia é inovadora, pois as partes são colocadas nos contêineres na ordem inversa de sua utilização (*last in, first out*)[3] e preparadas para o encaminhamento às linhas de montagem, minimizando trabalhos de descarga, preparação e disponibilização para uso.

---

[3] É comum a utilização das siglas e dos termos em inglês LIFO (*last in, first out*) e FIFO (*first in, first out*), ou, em português, UEPS (último que entra, primeiro que sai) e PEPS (primeiro que entra, primeiro que sai).

Os serviços de logística, no conceito de ACS, são integrados e comumente terceirizados. Em fábricas implantadas mais recentemente, essa terceirização já envolve atividades sofisticadas, como a engenharia de embalagem (novos modelos exigem peças diferentes e sua embalagem é dinâmica), transportes especializados (caminhões tipo *dock siders*, facilitando a colocação e a retirada de paletes ou *racks* com componentes), serviços aduaneiros, consolidação e desconsolidação de materiais em contêineres e sua disposição nas linhas de montagem.

O transporte de veículos prontos é feito por empresas especializadas, com veículos dedicados (caminhões cegonheiros), e a logística internacional é realizada por operadores logísticos mundiais, os quais se encarregam da contratação dos serviços envolvidos (consolidação de contêineres, transportes terrestre e marítimo, alfandegamentos e entrega no local de destino).

Nesse contexto, Robles (2001) resume os serviços logísticos na indústria automotiva como

> coleta, acondicionamento, disponibilização e controle de qualidade de peças e de estoques, tendo como ponto de referência produtores locais e internacionais, inclusive com a consolidação em *CKDs*, as fases do processamento junto às montadoras de recebimento, armazenagem, controle, planejamento e controle da produção (P. C. P.) e a montagem propriamente dita (*assembling*). A fase de distribuição (*outbound logistics*) corresponde, principalmente, ao relacionamento com as distribuidoras nacionais de automóveis acabados (concessionárias), o abastecimento do mercado de peças de reposição e o mercado internacional. (Robles, 2001, p. 66)

A logística de distribuição compreende a entrega de veículos prontos e a disponibilização de peças para o mercado de reposição e de reparo. Além disso, apresentam-se *dealers* na exportação de veículos prontos ou em partes (CKDs ou SKDs). É interessante o caso das peças de reposição e dos acessórios (*parts & accessories*): por obrigação legal, as montadoras têm de disponibilizá-los no mercado na vida útil dos modelos, e em seu suprimento eles "competem" com o das peças destinadas à montagem de veículos novos em condições desiguais em razão de os lotes de entrega serem menores e de haver exigências de embalagens especiais.

O mercado dos operadores logísticos tem feito com que estes ajustem sua forma de atender aos certames de contratação, recorrendo a consórcios de prestadores de serviços, com despachantes aduaneiros, transportadores e outros prestadores de serviços correlatos, pois a contratação é complexa, demanda tempo e representa prazos longos e montantes de recursos importantes. O Quadro 3.5 resume, conforme apresentado por Robles (2001), os públicos e os decisores envolvidos nessas contratações.

Quadro 3.5 – Públicos e decisores envolvidos no processo de contratação de serviços de logística integrada na indústria automobilística brasileira

MONTADORAS Áreas funcionais	OPERADORES LOGÍSTICOS Funções
Logística	Operações logísticas, inclusive projetos e avaliação de alternativas
Manufatura	Armazenagens e gestão de inventário
Qualidade	Engenharia de embalagem
Engenharia e Projetos	Consolidação e desconsolidação de cargas
Compras e Suprimentos	Transportes: operação e gestão
Finanças e Controladoria	Coleta de peças e materiais e logística de planta
Recursos Humanos	Submontagens de sistemas automotivos
Sistemas de Informática	Despachos aduaneiros, procedimentos alfandegários, desembaraços etc.

Fonte: Adaptado de Robles, 2001, p. 68

O fluxo de informações faz parte da ACS, apoia a tomada de decisão ao longo das cadeias de suprimentos e deve ser integrado aos sistemas de informação gerencial dos participantes dessas cadeias. No caso das montadoras, conforme destacado por Robles

(2001), por seu porte e poder de negociação, elas condicionam os sistemas ao longo da cadeia, exigindo dos operadores logísticos sua capacitação nesses sistemas.

A Figura 3.8, desenvolvida por Robles (2001), apresenta a variedade das atividades logísticas nos suprimentos de uma montadora brasileira típica, ficando clara a complexidade das capacitações requeridas pelas mudanças dos processos de produção e pelas relações inovadoras das montadoras ao implantarem condomínios industriais ou consórcios modulares (examinaremos esses conceitos no Capítulo 5).

Figura 3.8 – Atividades típicas da logística de suprimentos na indústria automotiva no Brasil

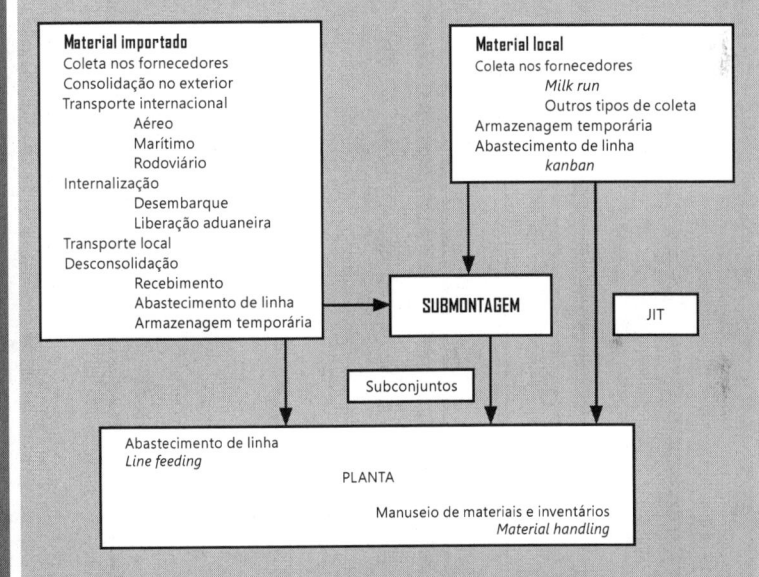

Material importado
Coleta nos fornecedores
Consolidação no exterior
Transporte internacional
    Aéreo
    Marítimo
    Rodoviário
Internalização
    Desembarque
    Liberação aduaneira
Transporte local
Desconsolidação
    Recebimento
    Abastecimento de linha
    Armazenagem temporária

Material local
Coleta nos fornecedores
    Milk run
    Outros tipos de coleta
Armazenagem temporária
Abastecimento de linha
    kanban

SUBMONTAGEM → JIT

Subconjuntos

Abastecimento de linha
Line feeding
PLANTA
Manuseio de materiais e inventários
Material handling

Fonte: Adaptado de Robles, 2001, p. 69.

Como é possível perceber, o processo industrial automotivo é complexo e diferenciado. Um automóvel é composto de mais de 5 mil peças e componentes e, além disso, há que se considerar os impactos das variações de mercado no portfólio de modelos e, consequentemente, nos programas de produção, que levam em conta tipos de veículos, modelos, cores, especificações e montagem de acessórios, entre outros, com reflexos imediatos nas cadeias de suprimentos e nos tempos, escopos de serviços e custos logísticos.

A mentalidade enxuta é adotada na indústria automobilística como fator de vantagem competitiva e relacionamento estreito com fornecedores (setor de autopeças, por exemplo), no sentido do estabelecimento de laços de parceria. Outro conceito associado, o da produção puxada, ou seja, a mais próxima possível do fechamento de pedidos firmes, implica relação de interdependência com fornecedores.

No entanto, conforme destaca Robles (2001), essa relação se mostra compulsória aos fornecedores que aceitam termos pelo poder de negociação das montadoras e constitui regra desse mercado, inclusive globalmente.

Uma das formas de pagamento aos fornecedores é o sistema POP (*pay on production*), em que o pagamento do componente ou subsistema é feito quando o veículo está pronto, atribuindo-se uma corresponsabilidade entre os fornecedores dos diversos componentes de montagem no ressarcimento ligado ao andamento do processo. O modelo de condomínio industrial foi adotado na fábrica da General Motors (GM) em Gravataí, no Rio Grande do Sul, e na planta da Ford em Camaçari, na Bahia.

Outro ponto apresentado por Robles (2001) é a meta das montadoras de reduzir seu número de fornecedores a fim de diminuir os custos de contratação e suprimentos. Essa ação se reflete na aquisição de subsistemas completos, como painéis internos, sistemas de freios e motores, sendo que seus fabricantes se instalam perto do sítio das montadoras e de suas linhas de montagem em terrenos de propriedade das próprias montadoras, compondo os condomínios industriais.

A produção enxuta tem como seu componente básico a logística enxuta, que objetiva a redução do custo logístico total da cadeia de suprimentos. Da mesma forma, a logística enxuta deve atender aos níveis de serviços acordados com clientes e incorporar o conceito de produção puxada pelas vendas em uma atuação competitiva em mercados altamente concorrenciais. A premissa é o gerenciamento do aparente paradoxo entre agregar valor logístico aos clientes e adicionar valor (lucro) aos acionistas.

A formação de alianças logísticas, conforme proposto por Robles (2001), decorre, necessariamente, do entendimento dos agentes de sua interdependência e de formas de relação de confiança, concebidas racional e coerentemente a objetivos mútuos claros e conhecidos por todas as áreas das empresas envolvidas, de modo a realizar a pretendida e necessária vantagem competitiva.

Síntese

Este capítulo apresentou a configuração das cadeias de suprimentos como redes de negócios nas quais empresas interagem desde o fornecimento das matérias-primas básicas até a entrega dos produtos acabados para os clientes finais. Como cadeias produtivas, elas se materializam pelo fluxo físico de mercadorias, apoiado por um fluxo de informações e viabilizado por fluxos financeiros. Esse arranjo institucional já não é uma novidade e tem a indústria automobilística como *benchmarking* mundial. Os projetos de rede de negócios se viabilizam com os sistemas de intercâmbio de informações e pela prestação de serviços de logística integrada por empresas especializadas, os operadores logísticos (3PLs), dos quais se exige uma ampliação crescente de seu escopo de atuação na direção de submontagens e do atendimento o mais próximo possível dos clientes.

Além disso, vimos que a importância da prestação de tais serviços leva a considerar a implantação de parcerias entre as empresas e até a configuração de alianças estratégicas. Entretanto, é necessário ter em mente que as cadeias de suprimentos têm como determinante a atuação da empresa focal, que dita as normas de conduta ao longo das cadeias. O papel das montadoras na indústria automobilística é emblemático dessa condição.

Questões para revisão

1. Sobre os fatores que fazem os empresas operarem em redes de negócios, assinale a(s) alternativa(s) correta(s):

   a) As condições de concorrência do mercado atual e a globalização da economia mundial impedem a configuração de redes de negócios em países emergentes, como o Brasil.

   b) As redes de negócios se apresentam para alavancar as condições de competição nos mercados globais e domésticos. Uma (ou mais) empresa se liga a outra considerada focal, que comanda a rede, assegurando a atuação em mercados cada vez mais competitivos.

   c) Localização, concentração de negócios, oferta de fatores de produção, facilidades de comunicação, acesso a mercados relevantes e economias de escala são alguns dos fatores que fazem com que as empresas se organizem em redes.

   d) Relações de parentesco, obrigações legais e tributárias e estratégia de *holding*s são fatores determinantes da organização de empresas em redes.

   e) A complementação de capacitações (saber fazer e saber vender), menores riscos pelo compartilhamento de recursos e investimentos, a possibilidade de redução dos níveis de estoques por entregas programadas, as relações facilitadas com fornecedores e compradores, a percepção e rápida adaptação às mudanças das condições de mercado são fatores que certamente fazem empresas operarem em redes de negócios.

2. Justifique a estratégia de uma empresa quando contrata um operador logístico.

3. Quais cuidados devem ser tomados na contratação de um operador logístico?

4. Sobre o fato de a relação da empresa com um operador logístico poder ser caracterizada como uma parceria, assinale a(s) alternativa(s) **incorreta(s)**:
   a) Operadores logísticos desempenham funções determinantes em processos produtivos e, assim, sua atuação está diretamente relacionada ao sucesso do contratante em condições de parceria.
   b) Operadores logísticos sempre estabelecem relações de parceira com seus contratantes, pois o objetivo comum é o atendimento aos clientes, e não o lucro.
   c) O conceito de parceria exige a equiparação entre as partes, não necessariamente de tamanho, e envolve a compreensão dos objetivos individuais e o acordo em relação aos objetivos comuns.
   d) A relação de parceria com operadores logísticos se dá a cada intervenção, e não em operações de longo prazo. Cada caso é um caso.
   e) As parcerias são construídas ao longo do tempo, ou seja, em relações que compreendem entendimento e atendimento de necessidades mútuas, flexibilidade na resolução de eventos não previstos, intenção firme de resolução de conflitos, convicção de se construir algo benéfico para ambos e intenção de promover um trabalho conjunto. A analogia com relações interpessoais não é por acaso.

5. Sobre as características de parcerias e de alianças estratégicas entre empresas, assinale a(s) alternativa(s) correta(s):
   a) Lambert, Emmelhainz e Gardner (1996) apresentam seis tipos de relacionamentos interempresariais e três de parcerias entre empresas. Em alianças estratégicas, as empresas compartilham instalações, integram operações e não têm prazo fixo de término da relação. Alianças constituem-se em um estágio superior das parcerias.
   b) O termo *alianças estratégicas* também é utilizado em relação a acordos entre países para atuação conjunta no mercado internacional, sendo possível o envolvimento de padronização de moedas, a facilitação do comércio e o intercâmbio de recursos e pessoas entre os países da aliança. A União Europeia é um exemplo típico.

c) Parcerias ocorrem quando as empresas se apresentam em uma concorrência e acertam, previamente, condições de preço e formas de partição de resultados quando uma delas vence o certame.

d) Parcerias entre empresas são concebidas para a competição em mercados complexos e exigentes e recebem a denominação de *redes de negócios* ou *cadeias de suprimentos* na inter-relação de atividades e processos. Redes de operações e cadeias logísticas correspondem à integração de processos operacionais e logísticos.

e) Uma grande empresa pode prescindir de parcerias, pois tem poder econômico para exigir sempre os menores preços e as melhores condições de fornecimento. Da mesma forma, pode impor a seus distribuidores formas de compra e de pagamentos que sejam favoráveis a ela. Seu tamanho e competência a eximem da ação da concorrência no mercado global.

PARA SABER MAIS

A indústria automobilística é *benchmarking* na implantação de processos produtivos enxutos e na mudança da relação com fornecedores e distribuidores. Esse setor vale a pena ser estudado por quem se interessa pela concepção e administração de cadeias de suprimentos e pela prestação integrada de serviços logísticos. Para tanto, a leitura da obra indicada a seguir, de Jones, Roos e Womack, é fundamental.

JONES, D. T.; ROOS, D.; WOMACK, J. P. **A máquina que mudou o mundo.** Rio de Janeiro: Campus, 1992.

> Como vimos, o livro *A mentalidade enxuta nas empresas: elimine o desperdício e crie riqueza* é o resultado de cinco anos de pesquisas e responde às perguntas de como e por que os japoneses conseguiram colocar no mercado norte-americano automóveis mais eficientes e mais baratos. A resposta é a adoção de práticas de melhoria contínua, gestão da qualidade durante os processos, diminuição de tempos na preparação (*setup*) de máquinas e, principalmente, uma relação estreita e de compartilhamento

com fornecedores. A seguinte pergunta foi feita pelos autores: essas condições só existem no setor automobilístico ou podem ser estendidas a outras indústrias? Para responder a contento, os autores elaboraram a referida a obra.

JONES, D. T.; WOMACK, J. P. **A mentalidade enxuta nas empresas**: elimine o desperdício e crie riqueza. Rio de Janeiro: Campus, 1998.

Para ter uma visão mais acadêmica dos temas tratados neste capítulo, sugerimos o acesso à tese de doutorado do autor desta obra.

ROBLES, L. T. **A prestação de serviços de logística integrada na indústria automobilística no Brasil**: em busca de alianças logísticas estratégicas. 176 f. Tese (Doutorado em Administração) – Universidade de São Paulo, 2001.

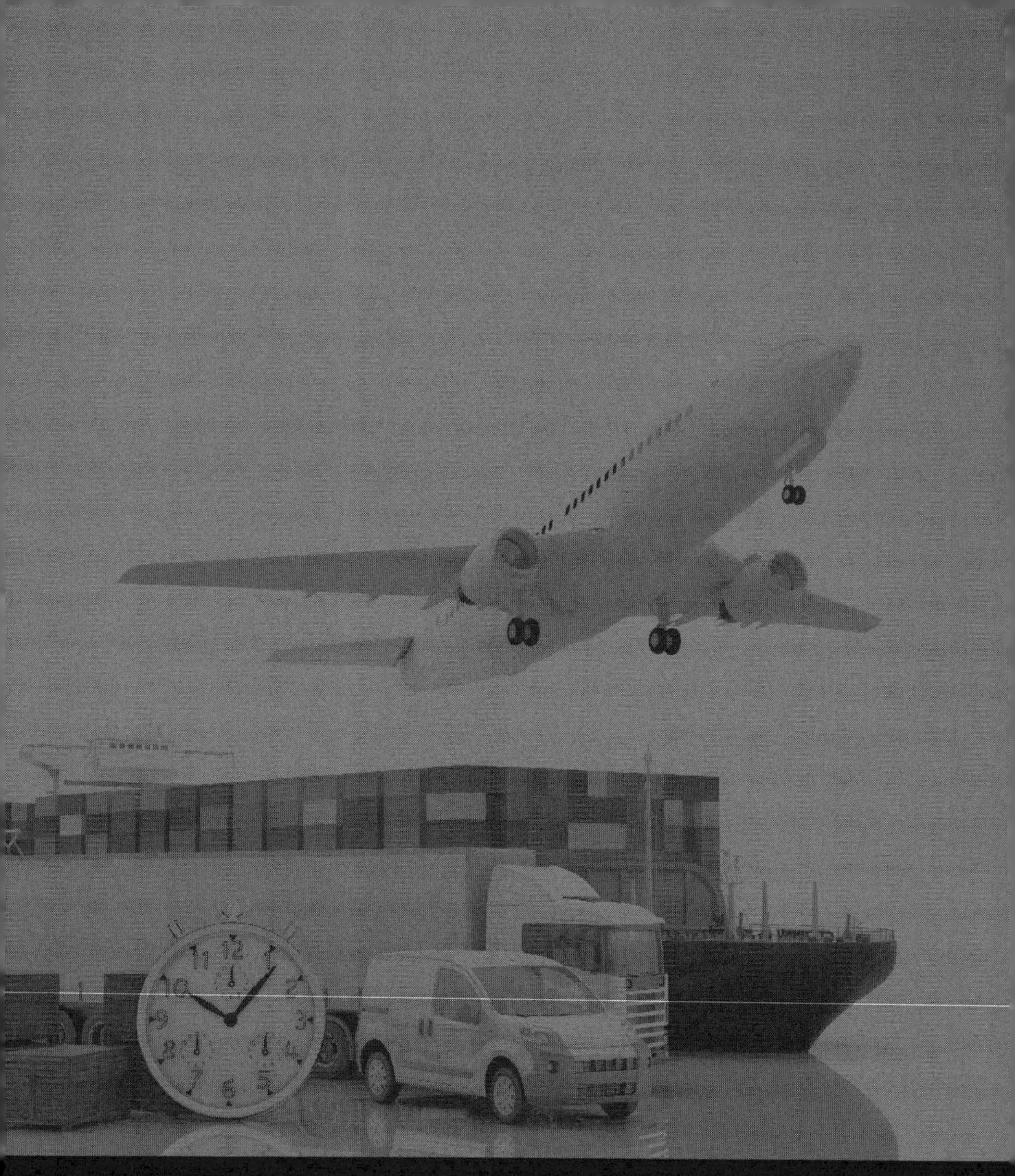

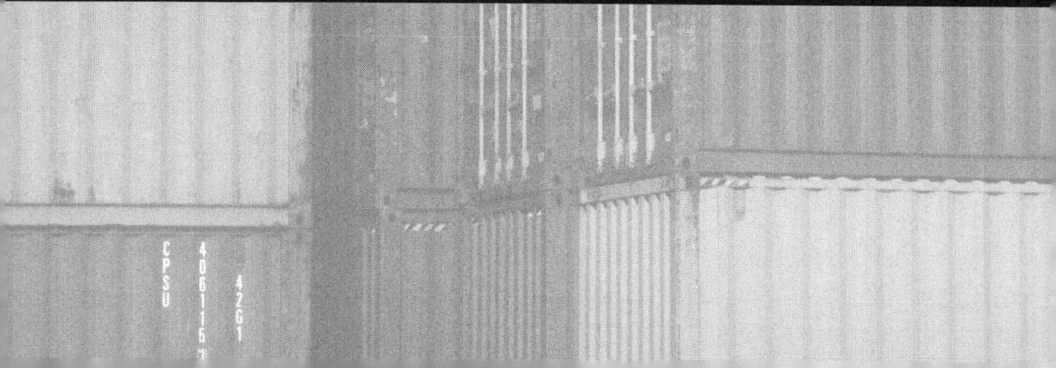

Gestão da tecnologia da informação (TI) em cadeias de suprimentos

Conteúdos do capítulo:

- Uso da tecnologia da informação (TI) em cadeias de suprimentos.
- Sistemas de informação e de comunicação aplicados em cadeias de suprimentos.
- Práticas correntes de troca de informações e comunicação em cadeias de suprimentos.

A **GESTÃO DA** tecnologia da informação (TI) aplicada às cadeias de suprimentos possibilita, por meio dos recursos de informação, a realização e a avaliação das atividades logísticas, apoiando sua integração e o atendimento aos objetivos empresariais de rentabilidade, crescimento e perpetuação.

O uso da TI se apresenta na inovação de produtos e serviços e permite que as empresas se coloquem à frente da concorrência ao estabelecer novos padrões de conectividade com clientes, fornecedores e demais agentes envolvidos nas cadeias de suprimentos. Da mesma forma, ela é responsável por vantagens de diferenciação ou de custo, contribuindo para a consolidação da participação das empresas nos mercados.

> É pelo uso, pelos avanços e pela universalização da TI que os processos de negócios das empresas ultrapassam as fronteiras organizacionais e nacionais e os fusos horários.

As empresas mantêm fisicamente seus processos industriais ao redor do mundo, interligando-os por meio de plataformas comuns de TI. Exemplos notórios são os centros de reservas e atendimento aos clientes de companhias aéreas que estão localizados nos mais diferentes países, as operações dos portos e aeroportos nas cadeias de suprimento e o *e-commerce*[1].

---

1   O comércio eletrônico (em português) é uma forma de comercialização de produtos e serviços com transações financeiras realizadas por meio de dispositivos e plataformas eletrônicas, como computadores e celulares.

Porter (1998) aponta que, em razão da sofisticação dos sistemas de informação, da crescente capacidade de manipular dados em linhas complexas, do barateamento e do uso universal, a TI está possibilitando o desenvolvimento de sistemas automatizados de processamento de pedidos e sistemas para automatizar outras atividades que agregam valor aos clientes fora do ambiente da fabricação.

A TI também está reestruturando canais de distribuição e o processo de venda em setores como bancos e companhias de seguro, ao facilitar o compartilhamento de informações e assegurar sua transferência segura e rápida.

Ao mesmo tempo que a TI está criando inter-relações, também se apresenta a redução dos custos de sua exploração, permitindo melhor distribuição e coleta de informações e facilitando a coordenação das atividades empresariais.

O avanço da tecnologia de processamento e compartilhamento de informações aprimorou e viabilizou o estabelecimento de sistemas de informações gerenciais em áreas como logística, programação da produção e programação da força de vendas.

Segundo Ballou (2001), o principal propósito de coletar, manter e manipular dados e informações é **tomar decisões**, abrangendo desde o estratégico até o operacional. Esse aspecto é analisado a seguir.

4.1 Sistemas de informação em cadeias de suprimentos

Laudon e Laudon (2010, p. 7) definem *sistema de informação* como "um conjunto de componentes inter-relacionados que coleta (ou recupera), processa, armazena e distribui informações destinadas a apoiar a tomada de decisões, a coordenação e o controle de uma organização". Assim, em uma extensão lógica, todo negócio tem as informações como recursos que podem ser reutilizados, compartilhados, distribuídos ou trocados sem perda de valor. De fato, o valor é potencializado e, algumas vezes, multiplicado.

De Sordi (2008) explica que, no contexto empresarial, os sistemas de informação são considerados importantes ferramentas analíticas gerenciais ao facilitar o manuseio, a consolidação e a disponibilização de grandes volumes de dados, de modo a simplificar processos de análises complexas, segundo diferentes perspectivas de interesse.

Os sistemas de informação apoiam as organizações em suas operações, nos processos de tomada de decisão gerencial e na obtenção de vantagens estratégicas, tendo em vista o público envolvido, conforme ilustra a Figura 4.1, que evidencia como os fluxos de entrada de insumos, os processos produtivos e a saída de produtos/serviços podem ser gerenciados, fornecendo o *feedback* necessário para o controle e a avaliação do desempenho das ações organizacionais, considerando os públicos relevantes (*stakeholders*) do negócio.

Figura 4.1 – Os públicos no ambiente de negócio

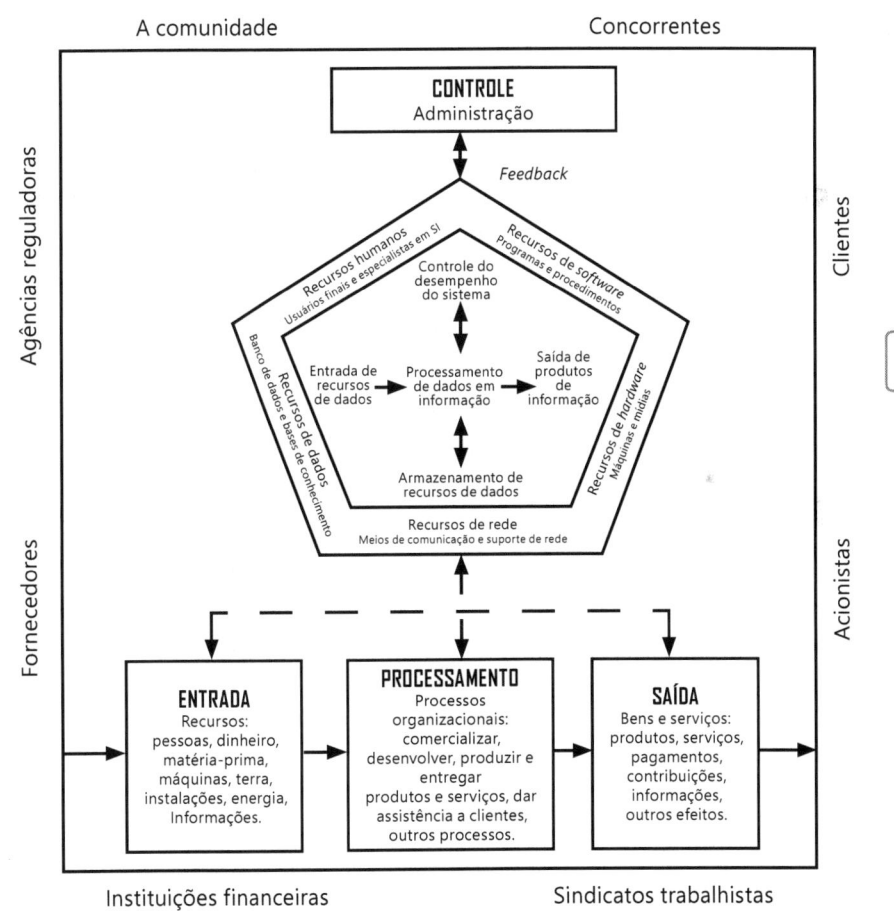

Fonte: Adaptado de O'Brien, 2001, citado por Santos Junior; Freitas; Luciano, 2005.

De forma semelhante, Laudon e Laudon (2010) apontam que a implantação de sistemas de informação nas organizações compreende três etapas (componentes genéricos), a saber:

1. **ENTRADA** – É a captação e a reunião de elementos que entram no sistema para serem processados (por exemplo, horas extras realizadas por funcionário no mês).

2. **PROCESSAMENTO** – São os processos de transformação (*softwares*) que convertem os insumos de entrada (dados) em produtos (informações) (por exemplo, quantidade de horas extras *versus* valor da hora).

3. **SAÍDA** – É a transferência de elementos produzidos nos processos até seu destino e seus destinatários (usuários) finais (por exemplo, relatório de horas extras).

O armazenamento dos dados de forma organizada é a base do desenvolvimento dos sistemas de informação. Isso permite sua recuperação e seu processamento, para gerar informações que contribuam para o sucesso dos negócios.

A organização do armazenamento de dados necessariamente envolve sua modelagem, que define **quais dados devem ser armazenados** e **como serão armazenados**, isto é, a formatação dos campos de registros em coleções organizadas compondo o banco de dados.

A Figura 4.2, adaptada de Christopher (2007), mostra o posicionamento de um banco de dados em um sistema de informação referente à gestão de cadeias de suprimentos como apoio às funções de **planejamento** (mercado e estratégia da organização), **coordenação** (produção e *marketing*), **comunicação de serviços aos clientes** e **controle**.

Figura 4.2 – Banco de dados relacionado a um sistema de informação voltado à gestão de cadeias de suprimentos

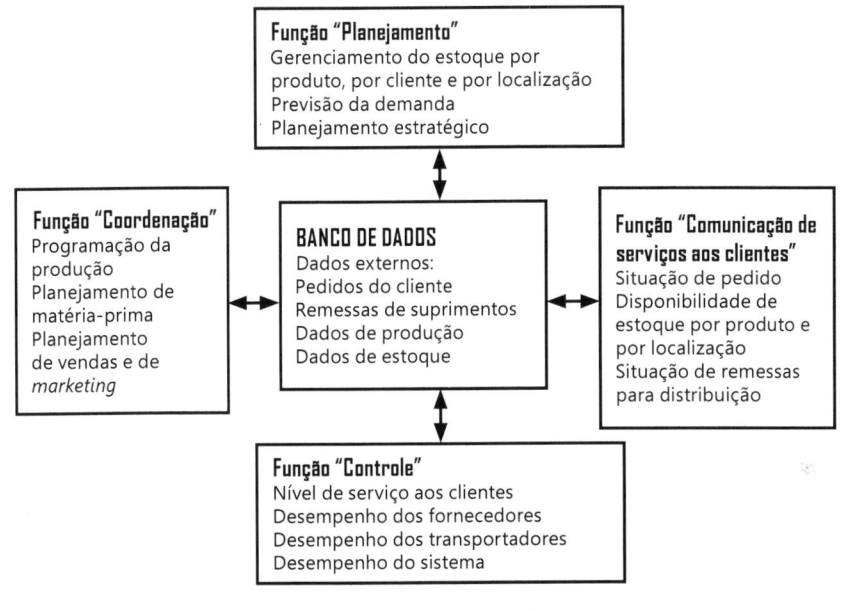

Função "Planejamento"
Gerenciamento do estoque por produto, por cliente e por localização
Previsão da demanda
Planejamento estratégico

Função "Coordenação"
Programação da produção
Planejamento de matéria-prima
Planejamento de vendas e de *marketing*

BANCO DE DADOS
Dados externos:
Pedidos do cliente
Remessas de suprimentos
Dados de produção
Dados de estoque

Função "Comunicação de serviços aos clientes"
Situação de pedido
Disponibilidade de estoque por produto e por localização
Situação de remessas para distribuição

Função "Controle"
Nível de serviço aos clientes
Desempenho dos fornecedores
Desempenho dos transportadores
Desempenho do sistema

Fonte: Adaptado de Christopher, 2007, p. 185.

A gestão de cadeias de suprimentos se apoia em sistemas de informação que utilizam um banco de dados único, com informações internas e externas referentes a dados de entrada, processamento e saída, como parte do processo gerencial que engloba funções internas à organização, a prestação de serviços e o fornecimento de informações aos clientes.

Nas cadeias de suprimentos, o valor criado pela TI é resultado da eficiência que ela possibilita aos macroprocessos logísticos de **suprimentos** (*inbound logistics*), **planta** (*plant logistics*) e **distribuição** (*outbound logistics*) no apoio a questões críticas. Por exemplo: como deve ser a entrega dos produtos aos clientes, considerando-se o atendimento ao nível de serviço acordado e sabendo-se que esse nível pode estar associado a uma entrega *just-in-time* (JIT), à informação em tempo real da situação, à forma e à localização da entrega, que são críticas tanto para fornecedores como para compradores.

Perguntas & respostas

Qual é o papel dos sistemas de informação na administração da cadeia de suprimentos (ACS)?

Esses sistemas agem na integração das cadeias de suprimentos ao facilitarem: a formulação de parcerias; o desenvolvimento e o aperfeiçoamento de capacitações; as oportunidades de serviços aos clientes; a programação e a roteirização de veículos; a gestão dos níveis de inventários nos diversos elos das cadeias de suprimentos; a integração e a localização de redes computacionais terceirizadas; a gestão (separação de produtos, rastreamento e posição financeira) de pedidos; a formação de preços; e a apuração e o controle de custos.

Os sistemas de informação e de TI capturam, manipulam e distribuem as informações necessárias para a gestão das atividades logísticas, e essa disponibilização passa pelos canais de comunicação, como mostramos a seguir.

4.1.1 Comunicação com os públicos no ambiente de negócios

A **internet**, a **intranet** e a **extranet** aparecem como as principais redes de comunicação entre os mais diferentes públicos e agentes do ambiente de negócios. A internet, considerada a "rede das redes", com a evolução das telecomunicações, tornou-se a plataforma vital para as comunicações eletrônicas no comércio eletrônico (*e-commerce*) e entre as empresas e seus funcionários e os intervenientes nos diversos ambientes de negócios dos quais elas participam (fornecedores, clientes, concorrentes, acionistas, sindicatos, instituições financeiras, agências regulamentadoras e a comunidade em geral), conforme apresentado na Figura 4.1.

Os conceitos das redes de comunicação internet, intranet e extranet são apresentados por Laudon e Laudon (2010) da seguinte forma:

- **Internet** – A maior rede de computadores do mundo é global e integra totalmente milhares de outras redes locais, regionais e nacionais. A internet não tem dono, gerenciamento central ou serviços oferecidos de maneira centralizada. Quaisquer decisões necessárias, como padrões tecnológicos,

são tomadas por uma organização de membros voluntários conhecida como Internet Society[2], à qual qualquer pessoa ou organização pode aderir.
- **Intranet** – É uma rede organizacional interna modelada sobre a internet que utiliza a infraestrutura de rede das empresas, os padrões de comunicação da internet e o *software* desenvolvido para o "www" (*Word Wide Web*[3] ou, simplesmente, *web*). Com a intranet, as empresas se comunicam e divulgam informações internamente, mantendo afastados os usuários não autorizados.
- **Extranet** – Permite o acesso externo limitado às intranets e interliga as organizações com os agentes externos por meio de conexões de rede com tecnologia da internet, conectando sua intranet com a de clientes, fornecedores, bancos e governo.

O uso das redes viabiliza a proposta de sistemas colaborativos, permitindo que participantes de uma mesma atividade ou interessados em informações comuns atuem juntos com mais facilidade e eficácia, ao possibilitar a **comunicação** (compartilhamento de informações interna e externamente à empresa em grupos de interesse), a **coordenação** (ações conjuntas em relação aos esforços individuais de trabalho e ao uso de recursos) e a **colaboração** (trabalho de forma cooperativa em projetos – engenharia simultânea – e tarefas rotineiras).

O Quadro 4.1 apresenta aplicações facilitadas pelo uso da internet, da intranet e da extranet nas cadeias de suprimentos, conforme proposto por Christopher (2007). Note que as aplicações são abrangentes e ocorrem no ambiente interno das empresas, estendendo-se de forma ampla aos demais componentes das cadeias de suprimentos, ou seja, clientes e fornecedores.

Quadro 4.1 – As aplicações da internet, da intranet e da extranet e a cadeia de suprimentos

Construção de alianças estratégicas	Boletins, quadros de avisos, bancos de dados de discussões Compartilhamento e experiência
Automação da força de trabalho	Configuração *on-site** do processamento de pedidos Transformação do processo de vendas

(continua)

---

2 Disponível em: <http://www.internetsociety.org/>.
3 Em português, "rede mundial de computadores".

(Quadro 4.1 - conclusão)

Recursos humanos e relacionamento com os empregados	Aviso de abertura de vagas Procura por especialistas Aprendizado a distância Treinamento e suporte ao empregado
Distribuição eletrônica	Produtos, dados, informação, *e-commerce* (*business to business* – B2B)
Transações financeiras	Vendas e pagamentos Gerenciamento de contas em bancos Pagamentos em cartão de crédito
Serviços ao consumidor	Informação de produtos e serviços de apoio Balcão de atendimento eletrônico Personalização em massa e processamento de pedidos
Canais de *marketing*	Relações públicas e publicidade Pesquisas e testes de mercado Correios e catálogos eletrônicos
Recuperação de informação	Notícias *on-line* Mineração de dados em banco de dados Estatísticas, relatórios e bancos de dados Análises competitivas
Relacionamento com os fornecedores	Logística Rastreamento de produtos Gestão de transportes Intercâmbio eletrônico de dados (EDI) Integração da cadeia de suprimentos
Comunicações internas	E-mail Groupware Colaboração Transferência de conhecimento Comunicações internas, externas, verticais e horizontais completas Teletrabalho

* Em português, "no local", ou seja, o preenchimento do pedido e sua transmissão são feitos por meio eletrônico.

Fonte: Adaptado de Christopher, 2007, p. 184.

O'Brien (2002, p. 109) acrescenta que

> Os sistemas abertos com conectividade irrestrita, utilizando tecnologias de rede Internet como plataforma tecnológica, são os principais direcionadores da atual tecnologia de comunicações. [...] os sistemas abertos propiciam maior conectividade, ou seja, a capacidade de os computadores em rede e outros dispositivos acessarem e se comunicarem facilmente entre si e compartilharem informações. Uma arquitetura de sistemas abertos também proporciona alto grau de interoperabilidade de rede, permitindo que muitas aplicações diferentes dos usuários finais sejam realizadas utilizando as diferentes modalidades de sistemas de computadores, pacotes de *software* e banco de dados

fornecidos por várias redes interconectadas. Muitas vezes, *softwares* conhecidos como *middlewares* podem ser utilizados para auxiliar diversos sistemas a trabalharem juntos.

Uma das principais ferramentas de TI que apoiam sistemas colaborativos é o *groupware*, um *software* colaborativo que atua como sistema facilitador do trabalho em grupo, possibilitando uma diversidade de maneiras para realizar projetos conjuntos e tarefas em grupo.

> *Groupware* é um pacote de *softwares* que apoiam o trabalho e as atividades dos componentes de grupos cujas estações de trabalho estão interconectadas por uma rede local de computadores. Esses *softwares* simplificam a colaboração pelo compartilhamento de informações e pela facilidade de comunicação e coordenação de atividades.

O Quadro 4.2 apresenta, conforme O'Brien (2002), as ferramentas de *groupware* e suas principais aplicações na facilitação das comunicações nas empresas.

Quadro 4.2 – *Groupware* para colaboração nas empresas

Ferramentas de comunicações eletrônicas	• Correio eletrônico (*e-mail*) • Correio de voz *(voicemail)* • Editoração de página de rede sociais • Telefone/celular
Ferramentas de conferência eletrônica	• Conferência de dados • Conferência de voz • Videoconferência • Fóruns de discussão • Sistemas de reuniões eletrônicas
Ferramentas de administração e trabalho colaborativo	• Agendamento e programação • Administração de atividade e projetos • Sistemas de fluxo de trabalho (*workflow*) • Compartilhamento de documentos • Administração do conhecimento

Fonte: Adaptado de O'Brien, 2002, p. 231.

As ferramentas de comunicação eletrônica transmitem mensagens, documentos, arquivos em dados, texto e voz por redes de computador, e a facilidade e a eficiência dessas comunicações contribuem para os processos colaborativos nas empresas, entre os quais se destacam, segundo O'Brien (2002, p. 232):

- **Videoconferência** – É uma ferramenta que possibilita uma conferência em vídeo e áudio em tempo real. Sua realização por meio da internet, intranet e extranet é uma maneira eficiente e econômica (evita viagens e deslocamentos) de apoio à comunicação e à colaboração entre equipes de trabalho ou pessoas fisicamente deslocadas.
- **Fórum de discussão** – É uma ferramenta de inclusão de grupos de notícias pela internet e pela intranet, além de grupos e bancos de dados de discussão. *Groupwares* e fóruns de discussão melhoram o potencial de colaboração ao possibilitarem discussões encadeadas com grupos virtuais, assim como o acompanhamento das discussões.
- **Sistemas de reuniões eletrônicas** – Trata-se da utilização de recursos de TI nos processos de comunicação e decisão em grupos. *Softwares* específicos fornecem um registro das comunicações (memória do grupo), e seu uso com sucesso está relacionado às tomadas de decisão que exigem interações de pessoas em grupo.

Em relação às ferramentas de colaboração, O'Brien (2002, p. 233) aponta que:

> As ferramentas de administração do trabalho colaborativo ajudam as pessoas a realizarem ou gerenciarem atividades de trabalho em grupo. Esta categoria de *groupware* inclui ferramentas de agendamento e programação, administração de atividades e projetos, sistemas de fluxos de trabalho e repositório de conhecimentos.

Conforme apresentado por O'Brien (2002), essas ferramentas podem ser detalhadas da seguinte forma:

- **Agendamento e programação** – É a realização de pesquisa automática do calendário eletrônico dos componentes da equipe, buscando-se horários vagos ou propondo-se horários alternativos para reuniões e providenciando-se alertas sobre a participação em eventos, sendo possível incluir *softwares* de administração de tempo. A maioria dos *groupwares* de agendamento também envia nos avisos a pauta detalhada e a lista de tarefas individuais dos participantes das reuniões, ajudando-os a se preparar para elas.
- **Administração de atividade e projetos** – Os pacotes de *groupware* de gerenciamento de projetos ajudam as equipes nos trabalhos conjuntos e os seus membros no controle de atividades e prazos previstos, podendo ainda produzir gráficos para auxiliar o acompanhamento dos projetos.

- **Sistemas de fluxo de trabalho (*workflow*)** – Essa ferramenta se baseia em regras sobre o fluxo de atividades e em informações contidas em formulários e documentos da empresa. É associada ao gerenciamento de atividades, de projetos e de um tipo eletrônico de documentos, de modo a auxiliar os profissionais conectados em rede a colaborar na realização e na gestão do fluxo de tarefas de trabalho e no processamento eletrônico de documentos em processos empresariais.
- **Administração do conhecimento** – São pacotes de *groupware* que organizam e compartilham os diversos formulários de informações, incluindo o gerenciamento de bibliotecas de documentos de projetos, bancos de dados de discussão e bancos de dados em multimídia.

Para Laudon e Laudon (2010, p. 51), "a colaboração representa o trabalho com os outros para alcançar metas explícitas e compartilhadas". Os autores indicam as seguintes ferramentas de colaboração: *e-mail* e mensagens instantâneas, *wikis*, sistemas de videoconferência, mundos virtuais, redes sociais, celulares e plataformas de colaboração via internet, como Google Apps, Google Sites, Microsoft SharePoint e Lotus Notes.

Davenport e Marchand (2004) apontam que o que torna as plataformas vetores de ligação com os clientes é a condição de interdependência entre eles; no modelo comercial tradicional, os clientes eram tidos como independentes, mas, com a internet, eles podem se comunicar entre si, o que os torna interdependentes, ou seja, influenciam opiniões e hábitos de compra uns dos outros.

Por outro lado, as empresas podem criar e orquestrar comunidades de clientes para coletar informações valiosas sobre os produtos em uso. Todavia, algumas comunidades seguem independentes, e sua credibilidade se deve, em grande parte, à ausência de laços de propriedade com produtos ou serviços.

> Dessa forma, as plataformas computacionais das empresas devem ser projetadas não apenas para aperfeiçoar as operações internas, mas também para facilitar a criação de competências, articulando relacionamentos externos. Um exemplo prático disso é o uso de plataformas computacionais que interligam os diversos atores das cadeias de suprimentos.

4.1.2 Gestão da informação em cadeias de suprimentos

A gestão de cadeias de suprimentos requer trabalho colaborativo no que se refere à troca de informações e à transmissão de dados para alcançar metas explícitas e compartilhadas.

Nesse contexto, Robles (2001, p. 40) considera que

> O conceito atual de logística integrada ou ACS aponta para um conjunto de atividades que cria valor competitivo, agregando serviços aos produtos vendidos e, consequentemente, valor aos clientes, contribuindo ainda para a otimização dos custos operacionais e da produtividade, melhores utilizações da capacidade produtiva e dos recursos, reduzindo estoques ao longo das cadeias produtivas e de suprimentos, integrando, de forma estreita, a empresa a seus fornecedores e clientes.

Assim, podemos inferir que a gestão de cadeias de suprimentos representa o gerenciamento de fluxos físicos de produtos e de fluxos de informação, os quais são viabilizados por fluxos financeiros por meio da utilização de recursos informacionais, tanto nas relações internas às organizações como nas externas.

Os sistemas de informação e de TI estão remodelando as organizações e a natureza de seus vínculos. As empresas já podem conectar o reabastecimento de produtos por meio de operações conjuntas com seus fornecedores graças ao uso de informações compartilhadas pelos recursos de TI e de comunicação (*softwares*, banco de dados, redes e *hardwares*).

Para O'Brien (2002), a qualidade dos sistemas de informação em relação às informações geradas está associada às dimensões de **tempo** (frequência, período), de **forma** (integridade, relevância, precisão) e de **conteúdo** (ordem, clareza, detalhe), e a integração dessas dimensões se constrói em quatro níveis de funcionalidade:

- O **planejamento estratégico** fornece informações referentes às estratégias logísticas na busca pela melhoria da capacidade de produção e na capacitação gerencial para identificação e aproveitamento das oportunidades de mercado com base no aprimoramento da capacidade de resposta aos clientes.
- A **análise de decisões** é feita por meio de ferramentas de *software* de apoio, incluindo banco de dados, geração de relatórios e procedimentos formais de avaliação.

- O **sistema de transações** é fundamentado em regras formais, procedimentos e comunicações padronizadas, subsidiando a logística em todas as etapas (processamento de pedidos, embalagem, transporte, armazenagem e controle de inventários).
- O **controle gerencial** avalia o desempenho e eventuais exceções operacionais, por meio de sistemas e processos que evidenciem situações fora dos padrões formais ou indicadores definidos para a organização.

O Quadro 4.3 resume de forma semelhante, e conforme proposto por Bowersox, Closs e Cooper (2006), as funcionalidades do sistema de informação na ACS.

Quadro 4.3 – Funcionalidades do sistema de informação na ACS

Planejamento estratégico	• Formulação de alianças estratégicas • Desenvolvimento e aperfeiçoamento de capacitações e oportunidades • Análise de serviços aos clientes focalizada e baseada no lucro
Análise para decisão	• Programação e roteirização de veículos • Gestão e níveis de inventários • Integração e localização de instalações e redes • Integração vertical *versus* terceirização
Sistemas de transação	• Gestão de pedidos • Alocação de inventários • Separação de pedidos • Expedição e embarque • Formação de preços • Pesquisa entre clientes
Controle gerencial	• Avaliações financeiras • Custos • Gestão de ativos • Avaliação de serviços aos clientes • Avaliação da produtividade • Avaliação da qualidade

Fonte: Adaptado de Bowersox; Closs; Cooper, 2006, p. 169.

Os sistemas de informação das cadeias de suprimentos são as ferramentas que fecham os elos entre as atividades logísticas e as transformam num processo único. Em outras palavras, os profissionais de logística se alimentam do planejamento e do controle de movimentações físicas, mas as informações constituem o ar que respiram, isto é, são a sua vida e também a estrutura das cadeias de suprimentos.

4.1.3 Iniciativas e práticas na gestão da informação em cadeias de suprimentos

Uma empresa pode utilizar as informações de que dispõe para chegar aos clientes ou às operações de outra empresa. Davenport e Marchand (2004) indicam que a informação pode ser coletada em todas as etapas das cadeias de suprimentos. É possível utilizar a informação para melhorar o desempenho em cada etapa dessas cadeias e para coordenar a ação dos intervenientes ao longo delas.

Entre as iniciativas e as práticas relativas a sistemas informacionais de gestão integrada, destacam-se os sistemas de **planejamento de recursos empresariais** (ou **ERP**, sigla de *enterprise resources planning*) como a espinha dorsal dos sistemas de informação aplicados a cadeias de suprimentos.

Os sistemas ERP evoluíram de sistemas internos de gestão de inventário, os sistemas de **planejamento das necessidades de materiais** (ou **MRP**, sigla de *material requirement planning*), os quais, a partir dos anos 1960, surgiram como técnica para calcular a quantidade de materiais necessários e o tempo até o recebimento deles, com base nos pedidos de venda em carteira. Esses sistemas se desenvolveram para os sistema de **planejamento dos recursos de manufatura** (ou **MRP II**, sigla de *manufacturing resources planning*), já como técnica de cálculo e de análise integrada de todos os parâmetros que determinam a produção de certo produto, possibilitando a verificação dos recursos técnicos e humanos disponíveis para o atendimento da produção.

Os sistemas ERP tiveram origem nos anos de 1990, englobando os conceitos do MRP II e outras funções empresariais, caracterizando sistemas modulares com raízes no MRP e integrados a uma base de dados. Como sistemas integrados, eles abrangem todas as áreas da empresa, de forma que um único evento que tenha dado origem à execução de um processo seja trabalhado pelas áreas que tenham alguma responsabilidade sobre ele.

Esses sistemas objetivam a integração entre organizações por meio de sistemas de gestão de fornecedores e de clientes sem intervenção humana (interligados *on-line*), possibilitando às empresas a coordenação de seus processos de logística e de produção para redução de custos nas cadeias de suprimentos.

Goleman (2009) define os sistemas de ERP como sistemas-base para as transações de negócios que perpassam toda a estrutura das organizações, como unidades de negócio com diversos módulos, cada um referente a funções diferentes das empresas, tais como finanças, logística, fabricação, atendimento de pedidos, recursos humanos e gerenciamento de fornecedores.

Já Bowersox, Closs e Cooper (2006) consideram que sistemas de informação coordenados e integrados são essenciais para a competitividade das cadeias de suprimentos, pois o compartilhamento de informações pode reduzir atrasos, erros e a necessidade de mobilização de recursos. Esses sistemas de informação apoiam os processos de operações no atendimento aos pedidos dos clientes e na coordenação dos pedidos de compras com as atividades detalhadas no Quadro 4.4.

Quadro 4.4 – Funcionalidade do sistema de operações

Atividades	Funcionalidades
Processamento de pedidos	Entrada de pedidos (via manual, listas ou eletrônica) Verificação de crédito Disponibilidade no inventário Conhecimento de pedidos Modificação de pedidos Formação de preços de pedidos Conhecimento da condição dos pedidos Preços e extensão de descontos Verificação de promoção Processamento de devoluções Gestão de serviços
Alocação de pedidos	Criação da listagem de pedidos Geração das faturas Geração de documentos de seleção de pedidos Alocação de inventário Processamento de listagem de pedidos Liberação de estoque reservado Realocação de fonte de pedidos Liberação de listagem de pedidos Verificação de embarques
Gestão de inventário	Modelo e análise de previsões Manutenção e atualização de dados de previsão Seleção de parâmetros de previsão Seleção de técnicas de previsão Seleção de parâmetros de inventário Simulação e teste do inventário Planejamento das necessidades de inventário Integração de dados de promoções Programação e liberação de pedidos de ressuprimento Definição dos objetivos de serviço

(continua)

(Quadro 4.4 – conclusão)

Operações de distribuição	Alocação e rastreamento de localizações de armazenagem Contagem de ciclos de inventário Programação de mão de obra Programação de equipamento Controle de lotes Seleção de pedidos, localização e ressuprimento Recebimento Descarte Armazenagem Mensuração de desempenho
Transportes e expedição	Seleção de transportadoras Programação de transportadoras e de rotas Despacho Preparação de documentos Pagamento de fretes Mensuração do desempenho Consolidação de embarques e criação de rotas Determinação de tarifa de embarques Programação de embarques Rastreamento e expedição de embarques Carregamento de veículos
Compras	Conferência das faturas e pagamento Revisão de pedidos em aberto Entrada de pedidos de compra Manutenção de pedidos de compra Recebimento de pedidos de compra Situação de pedidos de compra Pedidos de cotas Comunicação de exigências Programação de agenda de recebimentos Histórico de fornecedor

Fonte: Adaptado de Bowersox; Closs; Cooper, 2006, p. 206.

As organizações que implantam sistemas de gestão ERP fazem isso usualmente pela aquisição de pacotes configurados para adequação a suas situações organizacionais individuais e, em razão de sua complexidade, não é recomendável modificá-los além dos limites da configuração de processos. Cabe destacar que sua aquisição e sua implantação devem estar de acordo com as estratégias da empresa e sua necessidade deve ser consensual, contando com a colaboração de toda a estrutura organizacional.

Na arquitetura da cadeia de suprimentos, os recursos de informação geridos de forma integrada devem alcançar resultados, quais sejam:

- escolha de melhores alternativas de investimentos para a produção;
- redução dos custos de transporte e de distribuição;
- diminuição dos custos de compras e estoques;

- otimização da malha de distribuição;
- aumento do padrão de qualidade de bens e serviços produzidos;
- desenvolvimento de parcerias com fornecedores;
- integração com parceiros nas aplicações de TI;
- relacionamento positivo com clientes internos e externos;
- redução do custo agregado, melhoria das práticas de *marketing*;
- implantação de parcerias estratégicas ao longo das cadeias de suprimentos e desenvolvimento de negócios eletrônicos (*e-business*).

Os sistemas de informação aplicados às cadeias de suprimentos, conforme mencionado, têm se desenvolvido muito pela universalização e pelo barateamento dos sistemas informacionais e de comunicação, modificando as relações entre as organizações e suas formas de realizar negócios. Nas próximas seções, apresentamos alguns dos sistemas e ferramentas de intercâmbio de informação mais usuais nas organizações.

4.1.4 Sistemas e ferramentas de trocas de informações entre organizações

O desenvolvimento das relações interempresariais nas cadeias de suprimentos se deu *pari passu* com o de sistemas de comunicação e de compartilhamento de informações entre os agentes das cadeias. Esses sistemas vão desde novas formas de comercialização a sistemas de gerenciamento conjunto de componentes logísticos, tais como armazenagem, transporte e gestão de inventários.

4.1.4.1 *Business to business* (B2B)

O B2B é uma forma de relação comercial com base em sistemas computacionais que faz parte do chamado *e-commerce*, ou seja, o comércio realizado por meio de troca de informações via computador.

> O B2B corresponde a uma relação em que uma empresa vende produtos ou serviços para outras empresas, podendo ser outra indústria, um atacadista ou um importador que comercializa produtos para outros lojistas e distribuidores.

As vendas B2B fazem parte do *marketing* industrial, na modalidade de vendas pela internet, ou seja, a exposição de produtos, a negociação de preços e as formas de pagamento são **computacionais**. Dessa forma, os clientes precisam ter muita segurança em relação aos fornecedores antes de realizarem as transações.

Um dos exemplos de B2B se refere aos **leilões reversos** usados na indústria automobilística e em compras governamentais como parte do *e-government*: um comprador lança pela internet sua proposição de compra de um material a fornecedores anteriormente homologados para fornecimento, e essa proposição discrimina as características do que vai ser comprado, estabelece um preço máximo de compra e a data, o horário e a duração do leilão. Os fornecedores com acesso ao leilão no dia e horário aprazados lançam suas ofertas de preço e, toda vez que há uma redução no preço da oferta, o processo se estende por um tempo já determinado, até que não haja mais propostas.

Essa prática tem como condição que os produtos e serviços que serão adquiridos não apresentem diferenças em relação a características básicas e usabilidade e exige uma relação de confiança entre compradores e vendedores, pois não pode ser utilizada para mero levantamento de preços.

Além das práticas do *e-commerce*, a gestão da informação em cadeias de suprimentos utiliza uma combinação de vários aplicativos que abrangem as etapas dessas cadeias, as quais apresentamos a seguir.

4.1.4.2 WAREHOUSE MANAGEMENT SYSTEM (WMS)

Os sistemas de gerenciamento de armazéns, ou apenas WMS, é responsável pelo gerenciamento das operações de um armazém, ou seja, apoia o planejamento e a execução das operações de recebimento, guarda, manutenção, recuperação e disposição de materiais armazenados.

Banzato (2005, p. 53) conceitua WMS como

> sistema de gestão de armazéns, que otimiza todas as atividades operacionais (fluxo de materiais) e administrativas (fluxo de informações) dentro do processo de armazenagem, incluindo atividades como: recebimento, inspeção, endereçamento, armazenagem, separação, embalagem, carregamento, expedição, emissão de documentos, controle de inventário.

Em relação às atividades logísticas, um WMS é responsável pela localização e destinação a armazéns; programação e entrada de pedidos; mapeamento de áreas de armazenagem por cliente; planejamento e alocação de recursos; serviços de portaria; recebimento de mercadorias; inspeção e controle de qualidade; estocagem; transferências; separação de pedidos; recuperação de produtos; preparação para expedição; gestão de inventários; e emissão de termos de falta, de avarias ou acréscimos. As operações tendem a ser mais ágeis e precisas e acontecem em tempo real quando o WMS utiliza um sistema de codificação em barras com leitura por meio de equipamentos de *radio-frequency data collection* (RFDC).

4.1.4.3 RADIO-FREQUENCY DATA COLLECTION (RFDC)

O uso de RFDC na armazenagem proporciona agilidade e segurança na operação de estocagem, na separação e no carregamento de pedidos, maior agilidade no atendimento aos clientes, na acurácia e na redução dos níveis de estoques e melhor produtividade das equipes do armazém.

Já na separação e recuperação (*picking*) de materiais, o RFDC garante a eliminação de erros na digitação e a conferência e a consulta a pedidos e tabelas com maior agilidade e eficiência ao processo pela melhoria na separação de itens ou materiais em uma atividade de fabricação.

No que diz respeito à expedição de pedidos para os clientes, a utilização de RFDC também pode eliminar erros de digitação e garantir a conferência e a consulta a pedidos e tabelas, contribuindo para a acurácia de informações, para a agilidade no atendimento aos clientes e para a redução de custos diretamente ligados à gestão dos processos logísticos.

4.1.4.4 RADIO-FREQUENCY IDENTIFICATION (RFID)

Identificadores via radiofrequência têm como função a coleta automática de dados e são utilizados na identificação e no rastreamento de mercadorias. Feldens, Maçada e Santos (2007) definem o RFID como uma tecnologia de comunicação sem fio utilizada para leitura e transmissão de dados comuns nos centros de distribuição (CDs) e baseada em etiquetas rastreáveis que possibilitam controle e identificação do posicionamento dos produtos.

Os sistemas RFID usam etiquetas pequenas com *microchips* embutidos (*transponder* ou *tag*) que contêm dados sobre um item e sua localização e, por meio dessas etiquetas, transmitem sinais de rádio a curta distância para leitores

RFID especiais. Então, os leitores RFID repassam os dados por rede a um computador que os processa.

Diferentemente dos códigos de barra, as etiquetas RFID não precisam estar na linha de visão da leitora para serem reconhecidas (Laudon; Laudon, 2010).

4.1.4.5 *Electronic data interchange* (EDI)

Lambert e Stock (1999, p. 532) apresentam a definição de EDI, ou intercâmbio eletrônico de dados, como "troca interorganizacional de documentações relativas a negócios de forma estruturada e processada por computador, ou, simplesmente, um computador se comunicando diretamente com outro" [tradução nossa].

Os autores Chopra e Meindl (2003) acrescentam que o uso do EDI e de outros meios eletrônicos de comunicação pode reduzir significativamente o *lead time*, desde a emissão de pedido até a entrega final das mercadorias, e também o tempo dos ciclos de pedidos.

O EDI, conforme O'Brien (2002), envolve a troca eletrônica de documentos de transação comercial por redes de computador entre parceiros comerciais, ou seja, são trocados dados referentes à diversidade de documentos da transação comercial (como pedidos de compra, faturas, pedidos para cotações e notificações de remessa, níveis e disponibilidade de estoques) utilizando-se formatos-padrão de mensagem de documentos.

Normalmente, emprega-se o *software* EDI para converter os formatos de documentos próprios de uma empresa em padrões especificados por vários protocolos industriais e internacionais. Os dados de transação formatados são transmitidos por conexões diretas de rede entre os computadores, sem documentos em papel ou intervenção humana.

O caráter normalizador dos documentos diferencia o EDI de outros sistemas de intercâmbio de informação, uma vez que pedidos, recibos, faturas, inventários, catálogos de preços, boleto bancário e avisos de embarque podem ser intercambiados eletronicamente entre diferentes parceiros graças à utilização de uma linguagem comum, que permite que sistemas de informação distintos interajam entre si. Além da troca de transações eletrônicas, o EDI prevê segurança, recuperação de informações, registro de erros e serviços de auditoria.

4.1.4.6 VENDOR MANAGED INVENTORY (VMI)

Davenport e Marchand (2004) apontam que, na configuração de ativos, o inventário físico está sendo substituído por informações sobre ele, o que tem desencadeado uma importante reestruturação de atividades nas cadeias de suprimentos. O VMI (em português, *"inventário gerido pelo fornecedor"* – IGF), também conhecido como *programa de reposição contínua* (*continuous replenishment program* – CRP), é um programa desenvolvido em parceria entre o fabricante e o fornecedor e direcionado para a gestão de estoques e controle da informação de ordens de compra e venda, com a troca de informações por meio do EDI. Além disso, o uso de IGF objetiva eliminar falhas nos pedidos específicos do cliente e faz parte do nível de serviço acordado na relação de fornecimento.

O fornecedor tem acesso aos dados relativos aos estoques (vendas) dos clientes e assume, ele próprio, as decisões sobre reabastecimentos. Normalmente, essa é uma condição negociada pelo comprador na direção da logística enxuta (*lean logistics*), sendo importante a criação de relações de parceria na redução dos custos operativos, considerando-se que as condições de negociação não são iguais (por exemplo, na indústria automobilística, as montadoras comandam os processos).

Em um sistema de IGF, como o próprio nome sugere, cabe ao fornecedor gerir o nível de estoque do comprador com base no nível mais indicado para cada produto, o qual é estabelecido em comum acordo. Ou seja, esse nível de estoque é fixado na relação de consumo pelo comprador (programa de produção) e tempo de ressuprimento pelo fornecedor. Embora o estoque possa se localizar nas dependências do comprador, seu faturamento só é feito com seu uso efetivo.

4.1.4.7 EFFICIENT CONSUMER RESPONSE (ECR)

O ECR, que, em português, significa "resposta eficiente ao consumidor", constitui uma

> estratégia de gestão do canal de distribuição em que os fornecedores, atacadistas e varejistas trabalham de forma integrada para eliminar ineficiências e reduzir custos excessivos, com o objetivo de atender às necessidades e expectativas dos consumidores e maximizar a eficiência dos negócios para as partes envolvidas em uma negociação. (Ghisi; Silva, 2006, p. 115)

Seu objetivo é criar um sistema eficaz, direcionado ao consumidor, por meio do qual distribuidores e fornecedores possam trabalhar como aliados comerciais a fim de maximizar a satisfação dos consumidores e minimizar os custos. Informações precisas sobre produtos fluem por esse sistema, sem papéis, entre a linha de produção e o *checkout*, com o mínimo de perda ou interrupção, tanto dentro das partes que o compõem como entre elas.

Ghisi e Silva (2006, p. 129) indicam que "as indústrias multinacionais foram pioneiras na introdução das estratégias do ECR [...] e o maior envolvimento do varejo aconteceu [...] na medida em que esses se conscientizaram da necessidade do ECR para o ganho de eficiência nas operações de negócios". No entanto, as autoras apontam ainda uma série de dificuldades para o uso mais extensivo do ECR, tais como "resistência por parte das empresas em trocar informações, [pois] o relacionamento existente é focado nos interesses individuais [...]". Além disso, a maior satisfação do consumidor é encarada como resultante da eficiência das operações de negócio, e não como um objetivo primordial a ser atendido. Isso indica, conforme Ghisi e Silva (2006), a necessidade de as empresas reavaliarem seus objetivos na implantação do ECR e suas responsabilidades nas ações conjuntas.

O exemplo do setor supermercadista reflete o poder de negociação das grandes redes, que atuam junto a fornecedores para que trabalhem diretamente na reposição de produtos nas gôndolas e no controle de estoques nos pontos de venda. Assim, o ECR se constitui em condição de negociação, assegurando vendas aos fornecedores e sortimento mais eficiente nas lojas, tanto na reposição como na promoção de vendas de produtos.

PERGUNTAS & RESPOSTAS

Como as estratégias de ECR foram introduzidas no Brasil e em qual setor?

As empresas multinacionais introduziram as práticas de ECR no Brasil, principalmente, nas redes de supermercados e em grandes lojas varejistas, com a justificativa de que seu uso traria ganho de eficiência nas operações e redução nos custos. Atualmente, sua utilização não é geral nem uniforme, pois as empresas ainda relutam em trocar informações entre si, atuando voltadas para seus próprios interesses. Entretanto, no setor supermercadista, o ECR tem levado as lojas a dispor de mais sortimentos e de maneira mais eficiente, a repor rapidamente os produtos à venda e a promover mais ofertas. Por isso, o uso do ECR é uma das condições na negociação entre os supermercados e as empresas fornecedoras de produtos, sendo estas responsáveis pela reposição de produtos nas gôndolas e pelo controle de estoques nos pontos de venda. Ou seja, o poder de negociação está do lado dos supermercados e das grandes redes varejistas.

4.1.4.8 COLLABORATIVE PLANNING, FORECASTING AND REPLENISHMENT (CPFR)

Conhecido em português como *sistema colaborativo de planejamento, previsão e ressuprimento*, o sistema CPFR, conforme apontam Vivaldini, Pires e Souza (2010), foi proposto em 1998 pelo Voluntary Interindustry Commerce Standards (Vics), uma associação norte-americana de padronização de procedimento nas cadeias de suprimentos.

Esse sistema diz respeito ao trabalho conjunto de vendedores e compradores no atendimento às necessidades de clientes e consiste na troca de dados e informações, formas compartilhadas de comunicação e gestão de estoques apoiadas na TI.

De acordo com o manual do Vics, citado por Vivaldini, Pires e Souza (2010), o CPFR compreende quatro atividades de colaboração e melhoria do desempenho das cadeias de suprimentos, listadas a seguir.

1. **ESTRATÉGIA E PLANEJAMENTO** – realização de acordos sobre regras de relacionamento para todos, estabelecimento do composto de produtos, seu estágio de desenvolvimento e previsões para um período determinado.

2. **DEMANDA E GESTÃO DO ABASTECIMENTO** – previsão das vendas de modo a garantir a entrega dos pedidos nos prazos estabelecidos.

3. **EXECUÇÃO** – colocação de pedidos, preparação, embalagem, expedição, recebimento, estocagem de produtos no varejo, coleta e gravação das transações de venda e realização de pagamentos.

4. **ANÁLISES** – controle das atividades de planejamento e de execução, coleta de resultados e avaliação de desempenho, compartilhamento de ideias e revisão de planos para aprimoramento contínuo dos resultados.

O atendimento à demanda do consumidor final parte do aprimoramento dos métodos de previsão dessa demanda e dos processos de venda e da coordenação dos fluxos de produtos e informações ao longo das cadeias de suprimentos.

4.1.4.9 TRANSPORTATION MANAGEMENT SYSTEM (TMS)

O TMS, ou sistema de gerenciamento de transportes, caracteriza-se pelo planejamento e controle automatizado das necessidades de distribuição de produtos, e sua funcionalidade consiste na rastreabilidade dos pedidos e na eficiência do processo de distribuição. Esse sistema possibilita o acompanhamento, em tempo real, do deslocamento de determinado produto, desde a saída do depósito até a entrega ao cliente.

A seguir, apresentamos um estudo de caso sobre o uso do sistema TMS.

> **ESTUDO DE CASO**
>
> **TRANSPORTATION MANAGEMENT SYSTEM (TMS)**
>
> A Logility Voyager Solutions™ é uma empresa norte-americana com atuação mundial e especializada no desenvolvimento de sistemas e soluções aplicados à administração de cadeias de suprimentos, o que vai do planejamento e da alocação de mercadorias no setor varejista ao planejamento da demanda, de inventários, de ressuprimentos, de vendas e operações (*Sales & Operations* – S&OP), otimização de suprimentos e inventários, planejamento e cronograma de operações e planejamento e gestão de transportes.
>
> Esta última atividade diz respeito ao sistema Logility Voyager Transportation Planning and Management™, dedicado a soluções de automatização e de processos de transporte da origem ao destino, incluindo gestão avançada de fretes, seleção de modos ou transportadores, rastreamento de cargas, levantamento de fretes e sua auditoria e gestão logística em tempo real.
>
> No artigo *Five Keys to Transportation Planning and Optimization Process*, publicado em 2016, a Logility (2016) apresenta os "cinco fatores-chave para o sucesso do planejamento de transporte", por meio dos quais demonstra a importância da automatização da gestão de transportes como ferramenta que apresenta vantagens nos negócios no ambiente competitivo atual em permanente mudança (novas práticas, novos agentes e exigências dos consumidores), no qual as empresas têm de atuar globalmente e com múltiplos canais.

A motivação principal das empresas na adoção de sistemas de gestão de transporte (*transportation management system*) ainda é a redução de fretes, mas elas buscam também uma forma de melhorar a capacidade e a eficiência do transporte como um todo, mediante a utilização de diferentes modos de transporte, bem como de operações por via eletrônica (sem papel) e de modelagem tática, compras, licitações e planejamento estratégico. Outra questão é que as cadeias de suprimentos têm se tornado cada vez mais globais, e a gestão de transporte deve incorporar a capacitação em logística internacional e orientar-se para a quantificação do custo de servir (*cost-to-serve*).

O artigo apresenta quatro desafios que devem ser encarados nas cadeias de suprimentos para o sucesso do processo de transportes no controle de custos, no acompanhamento em tempo real da movimentação de cargas e na efetivação da prestação de serviços desejada pelos clientes. Esses desafios são descritos a seguir.

1. **Controlar custos** – Os custos de transportes estão incorporados nos custos de suprimento e distribuição, mas representam os maiores custos que os gerentes das cadeias de suprimentos têm de enfrentar.

2. **Abranger os serviços de todos os canais** – O nível de serviço é mais difícil de controlar nessa era de canais totais, ou, se já for controlado, os fluxos logísticos se estendem da origem até o destino final, exigindo uma visão detalhada do encaminhamento de produtos. Serviços de entrega "no mesmo dia" e "no dia seguinte", como os usuais no *e-commerce* de varejo (Amazon e Submarino, por exemplo), implicam exigências e capacitações para competir no mercado, as quais têm de ser entendidas e incorporadas pelas estratégias de transporte.

3. **Atender às necessidades de múltiplas empresas** – Exige-se a colaboração segura tanto interna como externamente à empresa, para fluxos de suprimento e de distribuição, incluindo transportadores, fornecedores, operadores logísticos e clientes.

4. **Utilização de dados para melhoria das operações** –
É importante ter uma visibilidade real dos eventos e dos custos relacionados à movimentação de produtos, principalmente em atuações globais, e avaliar se a movimentação se dá do transporte marítimo para o ferroviário, com frotas diferentes e condições de veículos completos (*full truckload* – FTL) ou não (*less than truckload* – LTL) até diferentes pontos de distribuição e, em alguns casos, até os clientes. Essa visibilidade é base para a flexibilidade no provimento de soluções logísticas.

Os fatores-chave de sucesso, na verdade, atendem aos desafios propostos, de modo que as cadeias de suprimentos apresentem respostas efetivas e possam planejar sua efetividade de custos. Apresentamos a seguir esses fatores.

I. GESTÃO DE CONTRATOS E DE TARIFAS

O QUE FAZER: trabalhar em conjunto com prestadores parceiros ao estabelecer fretes e tarifas e antecipar as necessidades de capacidades e os volumes de movimentação. O sistema de gestão de transporte deve ser alimentado com fretes, tarifas e níveis de serviços de todos os prestadores, de modo a calcular automaticamente os custos e fornecer informações sobre custos, serviços e tempos de trânsito para a qualificação dos transportadores.

COMO FAZER ISSO: levantar os custos à medida que os produtos se movimentam ao longo das cadeias de suprimentos e verificar se eles atendem ao contratado. O sistema deve ainda analisar tipos de tarifas e suas opções para determinar as soluções ótimas para embarques de suprimento e de distribuição.

RESULTADO: melhoria da eficiência das cadeias de suprimentos ao planejar automaticamente o menor custo, os embarques mais eficientes nos múltiplos modais e transportadores – incluindo ferrovia, caminhões, LTL, embarques pequenos (*parcels*) – e alternativas intermodais. Da mesma forma, desenvolve-se a habilidade de conhecer o custo de servir.

2. Roteirização e acordo de nível de serviço (*SERVICE LEVEL AGREEMENT* – SLA)

O QUE FAZER: basear as tarifas do contrato num conjunto correlato de volumes de movimentação por linhas, rotas e modos.

COMO FAZER ISSO: assegurar o atendimento do nível de serviço desejado ao custo-alvo acordado (*target cost*).

RESULTADOS: execução do embarque que satisfaça o planejado, levando-se todas as restrições em conta, e validação da seleção de transportador de menor custo que atenda às metas de custo e de tempo de trânsito. Além disso, se necessário, poderão ser identificados modais ou transportadores alternativos.

3. Troca modal e agregação e consolidação de tarifas/rotas

O QUE FAZER: verificar periodicamente a possibilidade de troca de modal, as tarifas correspondentes e a agregação e consolidação de rotas.

COMO FAZER ISSO: consolidar, juntar e agilizar o conjunto de fornecedores para aproveitar oportunidades em relação ao volume, descontos e nível de serviço disponíveis à medida que as condições de mercado variam.

RESULTADO: abordagem sistemática da análise, planejamento e execução das atividades de embarque na busca de ganhos por melhorias contínuas. O sistema pode pesquisar e recomendar mudanças de modais de transporte, canais e rotas.

4. Otimização de rotas e de paradas

O QUE FAZER: otimizar e rastrear todos os modais (por exemplo, caminhões com múltiplas paradas, transporte intermodal e ferrovias) na movimentação de cargas tanto em rotas de suprimento como de distribuição.

COMO FAZER ISSO: utilizar tecnologia de gestão de transporte sofisticada que possibilite a abordagem do acompanhamento contínuo da movimentação, que é uma oportunidade mais complexa de melhoria do que a elaboração de um cronograma em um só sentido, pelo entendimento da possibilidade de coordenar embarques para melhor eficiência dos transportadores.

RESULTADOS: visibilidade abrangente do transporte em movimento ao rastrear todos os embarques em trânsito.

5. LIQUIDAÇÕES E PAGAMENTOS FINANCEIROS

O QUE FAZER: levantar e analisar os custos reais de frete de todos os embarques e alocar esses custos aos canais, aos clientes e aos produtos, além de criar uma retroalimentação que ligue os resultados ao planejado.

COMO FAZER ISSO: verificar os dados reais, avaliar seus locais e os transportadores responsáveis e implantar fatores-chave de desempenho (*key performance indicators* – KPI) que apoiem o negócio como um todo. Frequentemente, não levar em conta a área funcional é essencial para alocar o custo de transporte real ao embarque e atribuir o custo ao pedido de embarque, ao canal e a seus produtos.

RESULTADOS: identificação de como a organização está reagindo em relação a tarifas contratadas, entendimento dos custos por canal e cliente e verificação do nível de atendimento por local e por modo.

O artigo conclui que sistemas de gestão de transporte se mostram como ferramentas importantes para as empresas no planejamento e nos relacionamentos ao longo das cadeias de suprimentos, desde fornecedores a clientes. Essa gestão corresponde ao controle de custos no gerenciamento e na participação efetiva no processo de transporte, de modo a assegurar a prestação do nível de serviço acordado.

Os sistemas devem abordar os custos de suprimento e de distribuição, uma vez que a organização se capacita para lidar com diferentes modais de transporte, atender às necessidades das múltiplas empresas envolvidas nas cadeias de transporte e utilizar dados e informações para a melhoria das operações.

O sistema deve prover informações que possibilitem entender os custos de transporte e suas inter-relações ao longo das cadeias de suprimentos, partindo da origem da matéria-prima até o destino final do produto acabado. Além disso, ele será básico para a determinação do custo de servir e, assim, a organização poderá identificar a rentabilidade de produtos, canais e clientes em um ambiente de negócios dinâmico e global.

Do mesmo modo que a Logility, existem outros provedores de sistemas de gestão de transporte e de outros componentes das cadeias de suprimentos. O importante para a empresa é avaliar suas necessidades e possibilidades, analisando os fornecedores de sistemas gerenciais, assim como identificam, avaliam e contratam outros fornecedores. As empresas de classe mundial já fazem isso há muito tempo e de forma rotineira.

Fonte: Adaptado de Logility, 2016, tradução nossa.

SÍNTESE

Neste capítulo, abordamos a importância da TI como apoio às transações realizadas nas cadeias de suprimentos. Vimos que os sistemas de informação devem estar coordenados e devem ser vistos como essenciais para a competitividade das empresas, que, ao compartilharem e integrarem informações relativas a suas atividades logísticas, em tempo real, capacitam-se para gerenciar os pedidos dos clientes em seus diversos estágios de fabricação, transporte, armazenagem e entrega. Esses sistemas se sofisticam e se tornam mais baratos e amigáveis para uso entre as organizações, assim como os meios de comunicação. Os profissionais de logística se alimentam de fluxos físicos de materiais e produtos, mas a informação é o ar que respiram.

Questões para revisão

1. Sobre a importância da utilização da TI para a gestão das cadeias de suprimentos, assinale a(s) alternativa(s) correta(s):
    a) O avanço tecnológico e o barateamento dos sistemas de comunicação e informação viabilizaram a utilização disseminada de ferramentas de TI para a consecução das cadeias de suprimentos e seus processos. Atualmente, elas só podem ser operacionalizadas se existirem sistemas de informação e comunicação compartilhados e de uso comum acordado.
    b) A TI, embora importante, deve ser sempre complementada com a troca de documentos entre os componentes das cadeias de suprimentos para a comprovação das transações realizadas.
    c) A importância da TI nas cadeias de suprimentos é resultante das transferências monetárias entre seus componentes (elos), sempre que comprovantes de pagamento e recebimento forem emitidos e impressos.
    d) A TI se materializa pela implantação de sistemas de comunicação compostos de equipamentos e meios de intercâmbio de informações, tendo como objetivo apoiar os processos gerenciais de tomada de decisão, de controle de processos e de acompanhamento do desempenho de fornecedores e requisitos de compradores.
    e) A TI, à semelhança dos processos das cadeias de suprimentos, opera de forma sistêmica com dados recebidos, processados e destinados a usuários adequados. Nas cadeias de suprimentos, materiais são recebidos, manipulados e transformados, e os produtos resultantes são encaminhados a clientes. Mas a semelhança não para aí, pois recursos humanos capacitados são requeridos e valorizados.

2. Quais são as vantagens dos sistemas colaborativos para a integração entre empresas e seus públicos externos?

3. Sobre como a interoperabilidade deve ser avaliada na implantação de sistemas de intercâmbio de informações entre uma empresa e os agentes de sua cadeia de suprimentos, assinale a(s) alternativa(s) **incorreta(s)**:

a) Interoperabilidade é característica de sistemas abertos, correspondendo à interconexão de sistemas de computadores, *softwares* e bancos de dados. Ela facilita a realização de aplicações em várias redes interligadas, e sua avaliação se dá pela aferição das condições de trocas de dados e informações nas redes.
b) Uma rede de computadores apresenta interoperabilidade adequada quando é operada e mantida pelos mesmos profissionais que se deslocam e são responsáveis pela manutenção do sistema de computadores, isento de vírus e da ação de *hackers*.
c) Sistemas abertos compreendem internet, intranet e extranet (ligação de duas ou mais intranets em rede), e sua interoperabilidade é condição básica para a aplicação na ACS. A continuidade e estabilidade da operação interligada, número e tipos de equipamentos, protocolos de comunicação e *softwares* são a base de sua avaliação.
d) A interoperabilidade é avaliada com base no fechamento de sistemas abertos e de seus bancos de dados para um mesmo grupo de computadores, com localização em instalações especiais com controle de temperatura e, principalmente, de acesso físico.
e) Uma das medidas de avaliação da interoperabilidade está na facilitação de interação com dados e procedimentos de *groupwares*, com base em aspectos comuns de aplicação (modelos de dados, controles, sincronização de eventos e procedimentos de replicação de dados) concebidos e estabelecidos de forma conjunta e interligada para a redução de interferências e custos.

4. Qual pode ser considerado o principal grupo de sistemas de apoio à administração de cadeias logísticas?

5. Sobre como a automação do processamento de pedidos pode melhorar a prestação de serviços aos clientes, assinale a(s) alternativa(s) correta(s):
    a) Robôs que circulam pelas lojas e atendem aos clientes representam melhorias na prestação de serviços e a percepção efetiva do fenômeno de automação.
    b) A automação é uma realidade nas atividades produtivas nos dias atuais, e a facilitação das transações comerciais e das transferências financeiras tem dado um novo caráter à prestação de serviços aos clientes, que se

afastam fisicamente dos produtos na ação de compra, uma vez que a automação substitui esse tipo de contato.

c) Pedidos recolhidos por computadores, *laptops*, celulares, *tablets* e outros instrumentos de coleta e transmissão de dados eliminam erros de reprocessamento e aceleram o atendimento aos clientes, que percebem e valorizam esse valor agregado.

d) A automação do processamento de pedidos facilita sua verificação nas ordens de produção e solicitação de entregas ao gerar documentos e mais de uma via, as quais servirão de comprovante e fonte de consulta para solução de eventuais problemas que possam ocorrer no futuro. E eles sempre ocorrem.

e) A automação se estende da coleta e recepção de pedidos para encaminhamento às etapas de processamento (verificação de disponibilidade em estoques e/ou ordens de produção), expedição (recuperação nos armazéns e depósitos e embalagem), eventual unitização para transporte, carga e movimentação ao ponto de destino, descarga e encaminhamento ao cliente final. A automação possibilita o rastreamento dos produtos e agrega, assim, um valor importante aos serviços prestados aos clientes.

Para saber mais

Na área acadêmica, a literatura sobre a logística de pesquisa e estudo é ampla e variada. Parte dela está consolidada em livros e a outra parte, mais dinâmica, em artigos publicados em revistas acadêmicas nacionais e estrangeiras e nos anais de congressos. Outra fonte importante são os sítios e materiais divulgados por empresas fornecedoras de serviços, *softwares* e equipamentos. Assim, indicamos para consulta e estudos a obra recomendada a seguir, de Eduardo Banzato, profissional (consultor, professor e editor) do setor de logística.

BANZATO, E. **Tecnologia da informação aplicada à logística**. São Paulo: Imam, 2005.

Visite o site da SAP para conhecer a atuação de um dos principais e mais reconhecidos fornecedores mundiais de sistemas MRP. Note que cada solução depende do porte, da disponibilidade de recursos e do problema que a empresa deseja solucionar.
SAP. Disponível em: <http://go.sap.com/brazil/index.html>. Acesso em: 20 set. 2016.

Por fim, sugerimos o artigo a seguir, de autoria de Flávia Amgeli Ghisi, professora e pesquisadora do Provar (Programa de Administração de Varejo da Fundação Instituto de Administração – FIA), e de Andrea Lago da Silva, professora adjunta do Departamento de Engenharia de Produção e do Programa de Pós-Graduação em Engenharia de Produção da Universidade Federal de São Carlos (UFSCar).
GHISI, F. A.; SILVA, A. L. da. Implantação do Efficient Consumer Response (ECR): um estudo multicaso com indústrias, atacadistas e varejistas. **RAC – Revista de Administração Contemporânea**, Curitiba, v. 10, n. 3, p. 111-132, 2006. Disponível em: <http://www.scielo.br/scielo.php?script=sci_arttext&pid=S1415-65552006000300007>. Acesso em: 20 set. 2016.

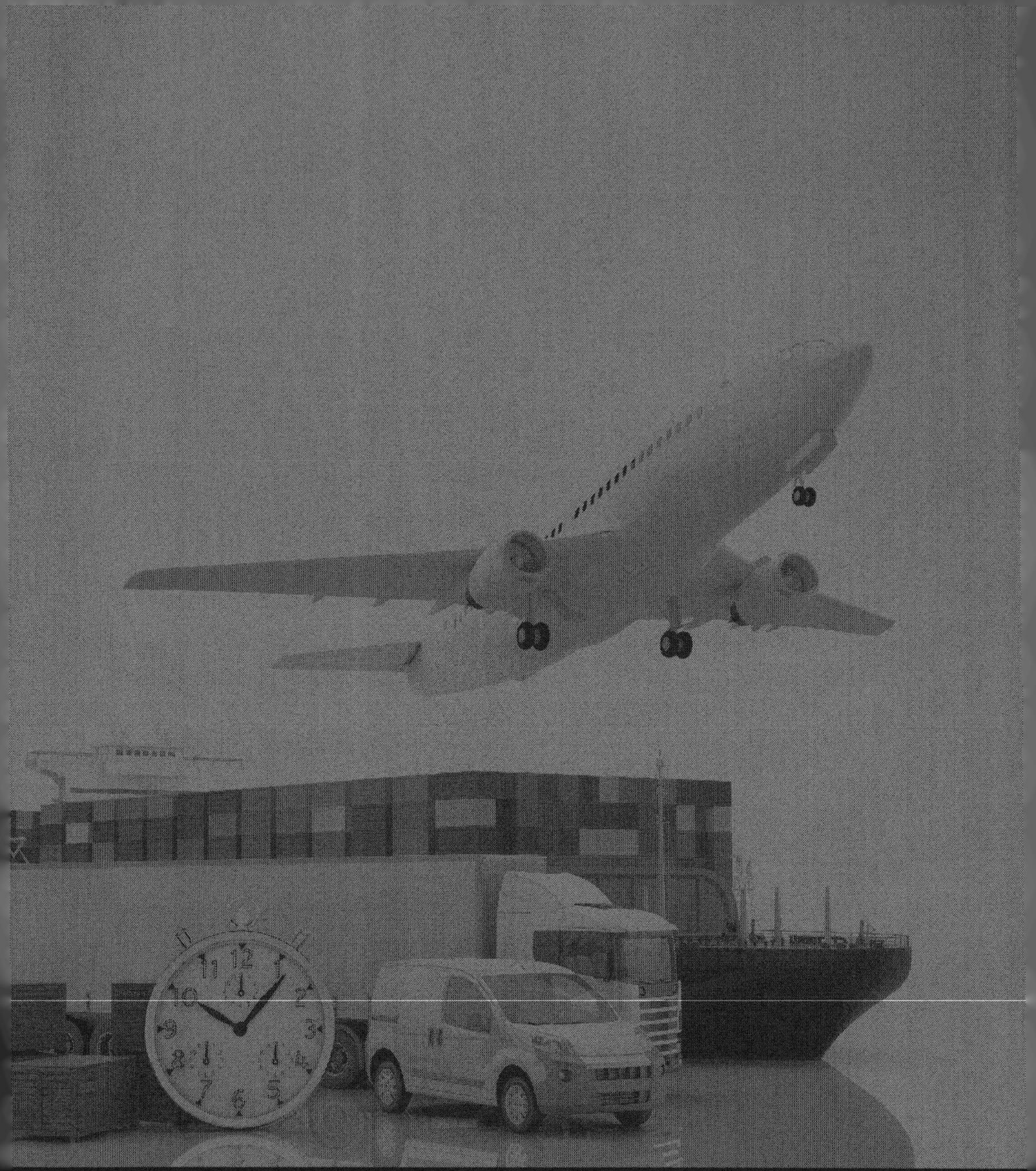

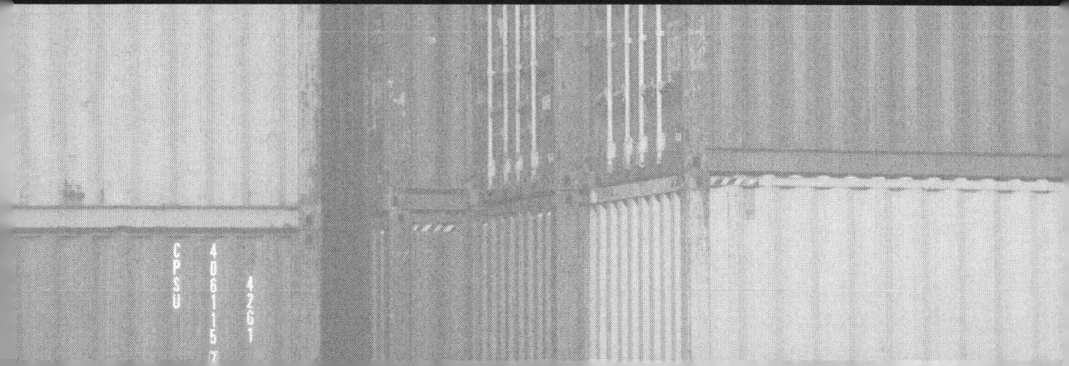
CPSU

5
Iniciativas e práticas na administração da cadeia de suprimentos (ACS)

Conteúdos do capítulo:

- Evolução das iniciativas e práticas na administração de cadeias de suprimentos (ACS).
- Consórcios modulares e condomínios industriais
- Negociações como instrumento gerencial em cadeias de suprimentos.
- O papel dos *stakeholders* e a influência cultural na negociação.
- Processos de identificação, desenvolvimento, contratação e avaliação de fornecedores.

As **CADEIAS** de suprimentos se materializam pelas inter-relações entre as empresas que as compõem. Essas inter-relações são negociadas e acordadas, estabelecendo-se formas de intercâmbio de informações e procedimentos de requisição, entrega e pagamento dos produtos movimentados ao longo das cadeias produtivas.

Essas cadeias de suprimentos se apresentam como verdadeiras **redes de negócios**, em que novos arranjos organizacionais se concretizam. Na indústria automobilística, conforme apresentado anteriormente, surgiram formas inovadoras de organização, como o **consórcio modular** e o **condomínio industrial**.

Um condomínio industrial corresponde, assim como proposto por Salerno et al. (1998, p. 16), à "localização de unidades produtivas de fornecedores dentro das cercas da fábrica da montadora", e sua diferença em relação ao consórcio modular "se dá em função do maior grau de valor agregado diretamente pela montadora" no condomínio industrial. Nesse condomínio, localizam-se fisicamente os **fornecedores-chave** para facilitar o abastecimento do sistema produtivo. Esses fornecedores são sistemistas e dividem custos de infraestrutura, transporte, saúde e alimentação, entre outros serviços, com a empresa focal, que é a montadora (Pereira et al., 2010). Como podemos notar, o nível de interdependência nesse tipo de relacionamento é alto, envolvendo elevados investimentos de ambas as partes.

No que diz respeito ao consórcio modular, Pires e Sacomano Neto (2010, p. 175) afirmam que

> pode ser considerado um caso radical de *outsourcing* em que fornecedores-chave (chamados de "sistemistas") assumem a montagem prévia do módulo

sob sua responsabilidade, e sua posterior montagem diretamente na linha de montagem [...], os investimentos em equipamentos e ferramentas e a gestão (mesmo que parcial) da cadeia de suprimentos do módulo.

Um dos exemplos mais importantes de consórcio modular, aliás pioneiro mundialmente, é a fábrica da **MAN Latin America**, uma montadora de caminhões e ônibus da Volkswagen localizada em Resende, no Rio de Janeiro. O modelo inovador de gestão funciona com oito parceiros, a **MAN**, responsável pela aprovação final dos veículos, mais sete sistemistas (responsáveis pela montagem dos veículos no conceito de fornecimento de conjuntos completos), a saber: a **Maxion** (montagem do chassi), a **Arvin Meritor** (eixos e suspensão), a **Remon** (rodas e pneus), a **Powertrain** (motores), a **AKC** (armação da cabine), a **Carese** (pintura) e a **Continental** (acabamento da cabine).

O controle de qualidade do produto é de total responsabilidade da MAN Latin America, que, com o modelo de produção, objetivou a redução dos custos operacionais, do investimento, de estoques e do tempo de produção e, principalmente, a agilidade na produção de veículos. Na fábrica, os sistemistas compartilham com a MAN toda a infraestrutura, o que inclui restaurante e ambulatório.

> Nesse contexto, o consórcio modular permite à empresa focal (a MAN Latin America) concentrar-se em outros aspectos do negócio, como a logística, as estratégias de *marketing*, o atendimento ao consumidor e, em especial, o desenvolvimento de novos produtos.

Jabbour et al. (2013) classificam as principais práticas associadas às cadeias de suprimentos em seis categorias, quais sejam:

1. integração das práticas envolvidas nas cadeias de suprimentos;
2. compartilhamento de informações entre as partes;
3. prestação de serviços aos clientes;
4. relacionamento com os clientes;
5. relacionamento com os fornecedores;
6. postergação (*postponement*).

A postergação é a estratégia logística de adiar o máximo possível a finalização do produto, ou seja, sua última transformação se dá após sua venda efetiva e escolha de atributos ou acessórios pelos clientes (por exemplo, a instalação de acessórios nas revendedoras de automóveis ou a preparação final (cor) de tintas nas grandes lojas de materiais de construção por meio de máquinas *tinting*). O objetivo é a redução de custos de movimentação e de inventários para os clientes.

O Quadro 5.1 resume as categorias de práticas relativas às cadeias de suprimentos.

Quadro 5.1 – Classificação das práticas associadas às cadeias de suprimentos

Classificação	Práticas associadas
Práticas de integração da cadeia de suprimentos (CS)	• Promover a integração das atividades ao longo da CS. • Reduzir o tempo de resposta ao longo da CS. • Estabelecer contatos mais frequentes com os integrantes da CS. • Envolver a CS em planos de produtos/serviços/*marketing*. • Obter a colaboração dos integrantes da CS quanto à previsão de demanda/planejamento de estoque/planejamento de produção. • Criar uma equipe de administração da cadeia de suprimentos (ACS) com elementos de outras empresas.
Práticas de compartilhamento de informações	• Compartilhar informalmente as informações. • Compartilhar formalmente as informações. • Participar do esforço de *marketing* dos clientes. • Determinar as necessidades futuras dos clientes. • Comunicar as estratégias futuras aos fornecedores
Práticas de gestão de serviço ao cliente	• Entregar direto no ponto de consumo. • Obter *feedback* dos clientes finais.
Práticas de relacionamento com o cliente	• Consultar clientes sobre a decisão de novos produtos. • Consultar clientes sobre a programação da produção.
Práticas de relacionamento com o fornecedor	• Consultar os fornecedores sobre a decisão de programação da produção. • Consultar os fornecedores sobre novos produtos. • Apoiar os fornecedores na decisão de aquisição de recursos.

Fonte: Adaptado de Jabbour et al., 2013, p. 244.

Note que, em qualquer prática relativa às cadeias de suprimentos, são importantes o intercâmbio de informações e o ajuste de práticas comuns, o que, como se sabe, depende de negociações bem-sucedidas entre as partes.

Perguntas & respostas

Como a administração da cadeia de suprimentos (ACS) agrega valor aos clientes e aos acionistas?

A ACS tem como objetivo reduzir custos pela integração dos componentes logísticos (transporte, armazenagem, embalagem, manuseio de materiais, sistemas de informação, gestão de inventários, gestão do ciclo dos pedidos, questões ambientais e questões fiscais). Para tanto, é fundamental identificar e explorar *trade-offs* para obtenção do menor custo total logístico. A ferramenta básica é constituída por sistemas de informação que atuam ao longo das cadeias de suprimentos, de modo a apoiar a coordenação dos agentes (elos). Questões fiscais e ambientais são importantes para reduzir custos no atendimento a exigências legais, das organizações e de seus clientes.

5.1 Tipos de negociação em cadeias de suprimentos

No estabelecimento de cadeias de suprimentos, são feitas negociações intensas para a definição das inter-relações que as constituem. Em sua operacionalização, e de forma constante, essas negociações tratam de obrigações, riscos e eventuais desvios em relação ao acordado entre as partes. As premissas são: não existe contrato que possa prever tudo o que pode ocorrer, e as relações têm de ser proveitosas para ambas as partes, pois cadeias de suprimentos representam, de fato, a interdependência de seus componentes.

> Assim, as negociações são críticas para os componentes das cadeias de suprimento, exigindo das partes conhecimento de suas características, técnicas e procedimentos.

Robbins (2009), ao abordar o comportamento organizacional, definiu *negociação* como um processo pelo qual duas ou mais partes trocam um bem ou serviço e buscam um acordo vantajoso para ambas. *Troca* é o conceito central de *marketing*, referindo-se ao processo de negociação e comercialização entre as partes, ou seja, o objetivo principal de suas atividades. Ela envolve a obtenção de um produto desejado de alguém, oferecendo-se algo em troca. Para que o potencial de troca possa existir, cinco condições são essenciais:

1. que existam pelo menos duas partes;
2. que todas as partes possuam algo que possa ter valor para as outras partes;
3. que todas as partes tenham capacidade de comunicação e entrega;
4. que todas as partes estejam livres para aceitar ou rejeitar a oferta da troca;
5. que todas as partes acreditem ser adequado participar da negociação.

Quando se chega a um acordo, dizemos que ocorre uma *transação*, que é a comercialização de valores entre duas ou mais partes.

Ressaltamos que a troca não necessariamente se concretiza por um dispêndio monetário, podendo representar uma mudança de comportamento ou atitude. No *marketing* social, por exemplo, não se contemplam transações monetárias, mas mudanças de hábitos ou comportamentos (as campanhas de planejamento familiar buscam a mudança de atitude das pessoas na direção da paternidade responsável). Da mesma forma ocorre em campanhas de educação no trânsito e outras semelhantes.

As trocas advindas das inter-relações nas cadeias de suprimentos representam transações, mas também implicam mudanças das formas de comportamento e de relacionamento entre compradores e fornecedores, pois a movimentação de produto faz parte do negócio de ambas as partes e, como tal, exige uma sistemática de negociação constante.

> O tema *negociação* é bastante complexo, e, para os profissionais da área de logística que pretendem desenvolver competências específicas como negociadores, sugerimos que façam cursos específicos para capacitação em técnicas e conhecimentos demandados para o negociador. É interessante saber que empresas multinacionais promovem rotineiramente cursos *in company* com esse intuito, na ciência de que o campo das negociações é amplo e exige aprendizado permanente, pois lida com relações interpessoais, que são dinâmicas por natureza, e seu resultado é crítico para a ACS.

Nesse sentido, Brandão, Duzert e Spinola (2010, p. 7) definem *negociação* como "um processo de atualização, revisão, realização de perguntas relevantes, proporcionando um aprendizado conjunto, com o objetivo de minimizar as diferenças na definição de valor" e apontam que, para seu sucesso, alguns elementos precisam ser considerados, quais sejam: interesses, senso de legitimidade, relacionamentos, alternativas, opções, compromissos, contexto, comunicação, tempo e conformidade.

A aplicação desses dez elementos é explicada por Brandão, Duzert e Spinola (2010, p. 18) da seguinte forma:

- O QUE VOCÊ DESEJA
    - **Interesses**, inclusive;
    - Senso de **legitimidade** – responde a pergunta: "Qual é o critério?". Define indica-dores para defender a proposta
    - **Relacionamento** para gerar confiança: identificação dos interesses dos outros.

- OBTENDO O DESEJADO:
    - **Alternativas** – o que pode ser feito sem acordos para buscar uma saída.
    - **Opções** – possibilidades de acordos correspondem à criação de valor; facilita a "divisão do bolo".

- ACORDO/DECISÕES sobre PROCEDIMENTOS:
    - **Compromissos** a serem alcançados.
    - **Contexto** – melhor canal de negociação para se ter mais cooperação (Axelrod); negociação mais produtiva; estabelecer confiança entre as partes com a oferta de ganhos mútuos (Equilíbrio Nash).

- PROCESSO
    - **Comunicação** – ser o mais transparente possível para criar ganhos; debate de ideias livres; manter informação confidencial quando for estratégico.
    - **Tempo** – o *timing* em todo o processo; contratos contingenciais; desbloqueador do conflito; *deadline* obriga a convergir para acordo;
    - **Conformidade** – conhecer e definir acordos que tenham base legal para que possam ser executados.

O Quadro 5.2 mostra, conforme apresentado por Brandão, Duzert e Spinola (2010), as relações existentes entre esses dez elementos e as quatro etapas do processo de negociação – **preparação, criação de valor, distribuição de valor** e **implantação e acompanhamento**. Observe que, na etapa de preparação, quase todos os elementos estão presentes.

Quadro 5.2 – Elementos e etapas da negociação

	QUATRO ETAPAS			
	Preparação	Criação de valor	Distribuição de valor	Implementação e acompanhamento
Contexto	X			
Interesses	X	X		
Opções	X	X		
Alternativas	X	X		
Comunicação	X	X	X	X
Relacionamento	X	X	X	X
Concessões/Compromisso			X	
Conformidade	X			X
Legitimidade/Padrões		X	X	
Tempo	X			X

Fonte: Adaptado de Brandão; Duzert; Spinola, 2010, p. 19.

Em relação à etapa de preparação, Rodrigues e Oliveira (2005, p. 40) recomendam que

> Devemos iniciar a negociação, não com atritos ruídos ou desconfianças, mas, sim, transferir ou gerar confiança e criar um clima construtivo para que as pessoas sejam receptivas, dispostas a ouvir e prestar informações relevantes que possam levar ao bom desenvolvimento da negociação. Durante a negociação

devemos coletar informações para nos inteirar e confirmar os problemas dos outros negociadores, as soluções e os possíveis benefícios que ele procura alcançar. Com conhecimento e habilidade os negociadores minimizam e eliminam os impasses fazendo concessões, dentro dos limites do objetivo desejável e o mínimo necessário.

Além disso, os autores recomendam que algumas técnicas e estratégias **não sejam utilizadas**, a saber:

1. **Improvisação e falta de planejamento**: no mundo globalizado em que vivemos as informações são muito rápidas e em grande quantidade, aqueles que se preparam melhor têm grande chance de sair vitoriosos;
2. **Descobrir o ponto fraco do oponente e atacá-lo**: o sucesso da negociação está na valorização dos aspectos positivos dos negociadores, então devemos descobrir as oportunidades e aproveitá-las.
3. **Aplicar truques, macetes e artimanhas**: o uso destes artifícios pode tornar o adversário perigoso, ele pode, também, adotar os mesmos artifícios e derrotá-lo.
4. **Tentar a manipulação**: se o negociador pretende se utilizar disto, a primeira coisa que tem a fazer é se colocar na posição do outro. Veremos que o problema é bem diferente daquilo que pensamos.
5. **Agredir e intimidar**: esta não é uma boa estratégia ou tática, pois demonstra para o adversário que quer impor a sua força, mas os seus argumentos são fracos. (Rodrigues; Oliveira, 2005, p. 40, grifo nosso)

Uma das ferramentas utilizadas para capacitação em negociações é a **matriz de negociações complexas**, desenvolvida com base em pesquisas realizadas pela Fundação Getulio Vargas (FGV), pela Harvard Law School (HLS) e pela IRENE/ESSEC Paris. A matriz se estrutura na abordagem de **ganhos mútuos**, com o processo de negociação em quatro etapas, as mesmas citadas anteriormente – preparação, criação de valor, distribuição de valor e implantação e acompanhamento. Essas etapas são discriminadas em **dez elementos, dez formas de negociação** e **dez indicadores de avaliação**, conforme mostra a Figura 5.1.

Figura 5.1 – Matriz de negociações complexas

QUATRO ETAPAS DA NEGOCIAÇÃO			
Preparação	Criação de valor	Distribuição de valor	Implementação/ Monitoramento
Dez elementos da negociação	**Dez formas de negociação**		**Dez indicadores de avaliação**
Contexto	Negociações diretas		Satisfação e racionalidade
Interesses	Negociações informais (PIN)		Controles
Opções	Diálogo entre *Multistakeholders* (MSD)		Riscos
Alternativas	Agente		Otimização econômica
Comunicação	Facilitação		Ética
Relacionamento	Mediação		Justiça e equidade
Concessões	Metamediação		Impactos e sustentabilidade
Conformidade	Arbitragem		Produtividade
Legitimidade	Juiz		Emoções
Tempo	Polícia/Força Militar		Sistema autopoiético

Fonte: Duzert; Fairman; Lempereur, citados por Brandão; Duzert; Spinola, 2010, p. 14.

A abordagem de ganhos mútuos é definida por Brandão, Duzert e Spinola (2010, p. 15) como o "conjunto de princípios e estratégias que permite (i) maximizar as chances de se encontrar seus interesses, ao mesmo tempo em que [sic] as outras partes também alcançam os seus interesses, e (ii) criar e manter um bom relacionamento entre as partes que estão na negociação".

Segundo os mesmos autores, essa abordagem visa a garantir que um processo seja eficiente pela realização de ganhos mútuos e que se alcance o acordo com menos desgaste para os negociadores. Em outras palavras, seu foco diz respeito a interesses, e não a posições, alterando a condução da negociação para dois focos, como os autores exemplificam:

1. **Foco na posição** – "Desejo obter a participação de 70% nos resultados alcançados."
2. **Foco no interesse** – "Desejo uma participação nos resultados" (Brandão; Duzert; Spinola, 2010, p. 15).

Os autores, conforme já mencionado, recomendam o foco nos interesses e, além da abordagem de ganhos mútuos, apresentam outras estratégias de negociação possíveis. São elas:

- **Convencional** – É uma estratégia de negociação dura. As partes consideram seus interesses totalmente incompatíveis, tomando posições extremadas, retendo informações e mostrando má vontade ao aceitarem concessões.
- **Relacionamento** – É uma estratégia de negociação leve. O acordo é prioritário, assim como o bom relacionamento entre as partes.
- **Sensibilidade cultural** – É uma estratégia de negociação internacional. Exige tempo de preparação para o conhecimento de regras culturais, sinais, estilos e símbolos usados pelas partes, de modo a se evitarem indelicadezas (Brandão; Duzert; Spinola, 2010, p. 15).

A negociação relativa a cadeias globais de suprimentos exige a consideração, conforme mostramos a seguir, de fatores culturais das partes envolvidas, o que, em primeira análise, é uma dificuldade que se agrega às condições de distância, aos tempos maiores de movimentação, às legislações aduaneiras diferenciadas, entre outras.

Thompson (2009) define que, em qualquer cenário de negociação, o negociador precisa avaliar no que consiste uma negociação ideal. Para estudar os tipos de negociação, é preciso entender por que e como os aspectos culturais influenciam o processo de negociação e, no caso das cadeias de suprimentos, os profissionais de logística precisam desenvolver habilidades de negociador para identificar conflitos, lidar com eles e solucioná-los.

5.1.1 Papel dos *stakeholders* e influência cultural na negociação

Em uma negociação, no mínimo duas partes interagem. No entanto, em negociações relativas a cadeias de suprimentos, existem interesses variados referentes aos diversos agentes envolvidos, os *stakeholders*.

> O termo *stake* significa "interesse, participação, risco", e *holder*, "aquele que possui" (Bezerra, 2014). Assim, *stakeholder* pode ser definido como o público-alvo estratégico representado por uma pessoa ou grupo que investiu ou tem ações ou interesses em uma empresa, negócio ou indústria. Esse é um conceito muito utilizado nas áreas de estratégia, comunicação, administração, *marketing* e tecnologia da informação e refere-se aos agentes e grupos mais importantes para as relações gerenciais, ou seja, aquelas concernentes ao planejamento estratégico, ao plano de negócios e às negociações decorrentes destes.

Os *stakeholders* podem ser assim classificados:

- **Internos** – São os empregados, os gestores e os proprietários (quando em número pequeno).
- **Conectados** – São os acionistas (proprietários em grande número), distribuidores, clientes, fornecedores, revendedores (varejistas e atacadistas) e financiadores (como bancos).
- **Externos** – São as esferas de governo (municipal, estadual e federal), a imprensa e a mídia, os grupos de pressão (como ambientalistas), a comunidade local (vizinhos ao empreendimento), os organismos profissionais (associações de classe, sindicatos) e a sociedade como um todo.

A Figura 5.2 representa os diversos níveis (camadas) de *stakeholders* em uma organização.

Figura 5.2 – Mapeamento dos *stakeholders*

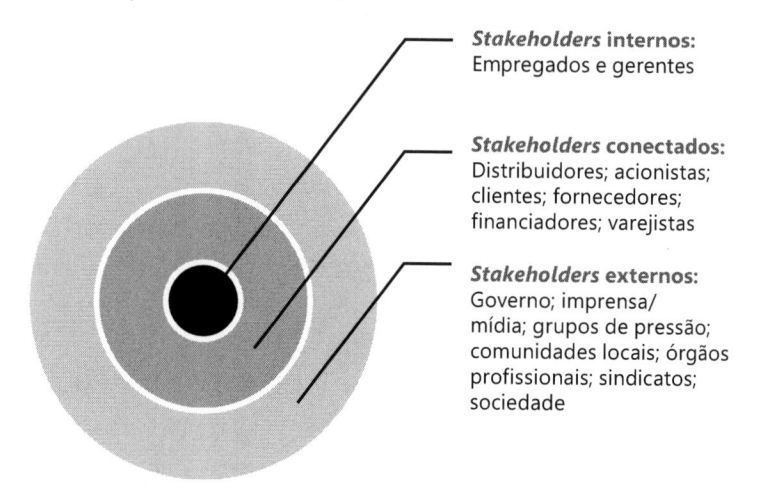

Stakeholders **internos:**
Empregados e gerentes

Stakeholders **conectados:**
Distribuidores; acionistas; clientes; fornecedores; financiadores; varejistas

Stakeholders **externos:**
Governo; imprensa/mídia; grupos de pressão; comunidades locais; órgãos profissionais; sindicatos; sociedade

Fonte: Adaptado de Professional Academy, 2016.

A sensibilidade cultural (ou competência intercultural), conforme mencionado, mostra-se essencial nas negociações relativas às cadeias de suprimentos, notadamente nas de âmbito global, assim como em outras atividades gerenciais, a exemplo das indicadas por Cavusgil, Knight e Riesenberger (2010), que são:

- desenvolvimento de produtos e serviços;
- comunicação e interação com parceiros comerciais, incluindo a cadeia de suprimentos;
- prospecção, seleção e homologação de distribuidores e demais parceiros nacionais e estrangeiros;
- negociação e estruturação dos investimentos internacionais;
- interação com clientes atuais e potenciais no país e no exterior;
- preparação para participação em feiras de negócios;
- preparação de material publicitário promocional.

Schein (1985, citado por Maximiano, 2007, p. 440), define **cultura organizacional** como

> Um conjunto de premissas que um grupo aprendeu a aceitar como resultado da solução de problemas de adaptação ao ambiente e de integração interna. Essas premissas funcionam suficientemente bem para serem consideradas válidas e podem ser ensinadas a novos integrantes como sendo a forma correta

de perceber, pensar e sentir-se em relação a esses problemas de adaptação externa e integração interna.

A definição de Schein (1985, citado por Maximiano, 2007) é considerada clássica e apresenta a cultura como um conjunto de valores praticados, conhecidos e aceitos nas organizações. Esse conjunto explica como as pessoas agem, reagem e interagem e como hábitos e tradições caracterizam os grupos sociais, além de sua religião e etnia. Seu conhecimento resulta em estratégias de sensibilização e de preparação cuidadosa da negociação, levando-se em conta como se manifestam as diferenças culturais e seus efeitos no processo de negociação. A visão é pragmática, isto é, uma cultura não pode ser julgada; essa é uma premissa básica e deve ser respeitada quando se descobre o que pode interferir na negociação, tendo em vista os interesses existentes.

Assim, é necessário, de acordo com Martinelli (2002):

- compreender a importância das diferentes culturas no processo de negociação;
- dispor de um modelo teórico a respeito dos fundamentos de uma negociação, das características pessoais dos negociadores e do tipo de negociação;
- saber como transformar os fundamentos para adaptá-los às realidades específicas, ou seja, às várias culturas.

Nas negociações relativas a cadeias globais de suprimentos, é importante conhecer as características dos povos com os quais se vai negociar – isso deve ser condição para planejar a negociação.

Martinelli (2002) propôs a seguinte caracterização genérica de alguns povos:

- **suecos** são quietos, reservados, autocríticos, sérios e muito preocupados com a qualidade;
- **ingleses** são lógicos, educados e com um humor peculiar;
- **franceses** mostram-se, em geral, como de boa formação intelectual, refinados e amam sua língua;
- **alemães** são lógicos, meticulosos, eficientes, formais, nacionalistas e persistentes;
- **holandeses** tendem a ser lógicos e metódicos;
- **povos de países mediterrâneos** têm por características básicas serem emotivos, animados, pessoais e voláteis.

Nesse contexto, Palácios e Sousa (2004) apresentam a relação entre o comportamento dos consumidores e fatores de diferenciação cultural, como ilustra a Figura 5.3.

Figura 5.3 – Fatores de diferenciação cultural

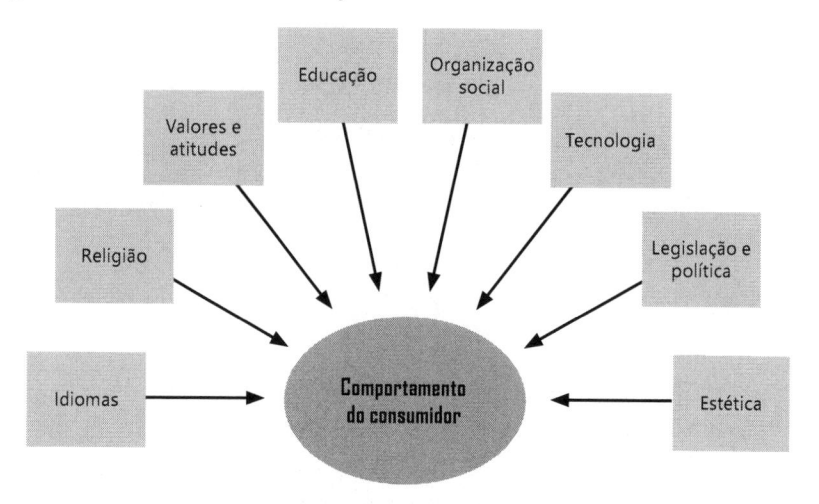

[Diagrama com os fatores: Valores e atitudes, Educação, Organização social, Tecnologia, Religião, Legislação e política, Idiomas, Estética — todos apontando para "Comportamento do consumidor"]

Fonte: Adaptado de Cateora; Graham, 2009, p. 91.

Essa listagem de fatores deve ser considerada na preparação das negociações, e os participantes devem estar conscientes e treinados em relação à importância e à influência do atendimento aos interesses que estão em jogo nas negociações entre consumidores e fornecedores.

A proficiência intercultural contribui para a conexão entre os participantes das negociações nas cadeias de suprimentos locais e nas de âmbito global, e alguns administradores experientes atestam a importância de se ter um profundo conhecimento de culturas e línguas nos negócios internacionais.

O Brasil, este país continental onde vivemos, também apresenta diferenças culturais importantes e que devem ser levadas em consideração nas negociações (por exemplo, comportamentos mais formais como os dos paulistas podem representar desconfiança ou distância para os nordestinos).

Cavusgil, Knight e Riesenberger (2010) sugerem três diretrizes para o relacionamento intercultural, quais sejam:

1. adquirir conhecimento sobre fatos e interpretações diferentes da outra cultura e procurar falar o idioma do país;

2. evitar uma postura etnocentrista, pois a principal causa de problemas culturais é a ideia de que o estrangeiro pensa como nós;
3. desenvolver habilidades interculturais, ou seja, trabalhar de forma efetiva com os parceiros, o que exige esforço contínuo de formação profissional, uma vez que cada cultura tem seus meios para conduzir as transações comerciais.

Dessa forma, algumas habilidades são requeridas dos profissionais envolvidos em negociações, tais como aceitar a ambiguidade e aprender a lidar com a falta de clareza e as incertezas nos processos de negociação, treinar a percepção (a capacidade de obter informações sutis na fala e no comportamento do outro) e ser criativo na concepção e na proposição de soluções inovadoras (adaptabilidade) (Cavusgil; Knight; Riesenberger, 2010).

> Mais do que simplesmente fazer negócios, o processo de negociação significa **socializar, conhecer, entender, buscar um conhecimento sobre as culturas** e **adaptar sua forma de comportamento**. Em uma negociação, o negociador leva consigo todos os seus elementos culturais, tornando isso sua estrutura de apoio, pois, independentemente do que está sendo negociado, sempre haverá uma interação entre *stakeholders* (Bornhofen; Kistenmacher, 2007).

As negociações nas cadeias globais de suprimentos têm alterado as formas de atuação de empresas multinacionais, já que estas necessitam se adaptar às características do mercado globalizado. Martinelli (2002) cita, entre as mais relevantes:

- a formação de uma rede de contatos internacionais;
- a busca intensa de novos conhecimentos em âmbito geral, inclusive com programas de treinamento e de capacitação;
- a criação de uma mentalidade claramente internacional;
- a preocupação constante de viagens de executivos para se familiarizarem com os ambientes internacionais;
- a formação de redes integradas com subsidiárias;
- a participação intensa em redes de fornecedores internacionais.

Nesse contexto, e como já abordado, as cadeias de suprimentos representam interações entre seus componentes e têm como impulsora a atuação de empresas focais, ao determinar as relações com seus fornecedores e distribuidores. Essas relações podem caminhar para relações de parceria, haja vista a interdependência que se estabelece entre os participantes. É nesse ambiente que se apresentam sistemas de desenvolvimento e avaliação de fornecedores, como mostramos na seção a seguir.

Perguntas & respostas

Quais são as características dos processos de negociação nas cadeias de suprimentos?

As relações humanas constituem um processo permanente de negociação e, como sabemos, elas são complexas. Nas cadeias de suprimentos, os profissionais precisam se capacitar em técnicas de relacionamento interpessoal e de condução de reuniões. Note que muitas negociações não são feitas pessoalmente, mas por meios eletrônicos, como troca de *e-mails* e videoconferências – empresas multinacionais promovem treinamentos de capacitação utilizando essas técnicas. As negociações podem ser entendidas como processos de aprendizado conjunto entre as partes, ao lidarem com objetivos, interesses, relacionamentos, formas de comunicação, gestão de tempos, análise e seleção de opções aceitáveis em relação aos objetivos propostos. Assim, não se encerram com o fechamento de negócios, mas continuam tanto no relato de circunstâncias e eventos ocorridos como na manutenção das relações comerciais e no fornecimento de produtos e serviços.

5.2 Sistemas de desenvolvimento e avaliação de fornecedores

O desenvolvimento de novas práticas de gestão em direção a alianças estratégicas nas cadeias de suprimentos está relacionado à busca por relações de colaboração com fornecedores e às condições de mercado, que exigem mais qualidade dos bens e serviços, oferecidos a menores custos, e aprimoramento dos níveis de serviço associados.

Esses relacionamentos de colaboração partem de algumas premissas básicas, como a redução dos custos com fornecedores em sua contratação e nos controles de contratos com as empresas, buscando-se a redução do número de fornecedores e o desenvolvimento de contratos com maior prazo. Para os fornecedores, a vantagem é assegurar vendas e ainda contar com certificações de suprimento que possam favorecê-los em negociações posteriores e com outros compradores.

Na função de contratação/aquisição (*procurement*), Lambert, Stock e Vantine (1998) destacam a **escolha do fornecedor**, pois as relações de colaboração e de interdependência implicam a busca de assegurar que o fornecedor tem condição de entregar o produto ou serviço e, efetivamente, vai cumprir com o acordado.

> O termo em inglês *procurement* tem uma conotação ampla ao se referir às atividades de prospecção, identificação e homologação de fornecedores e aos procedimentos de licitação, avaliação de propostas, adjudicação e contratação dos fornecedores. Do mesmo modo, implica a participação na avaliação de desempenho dos contratados e a confirmação de sua condição para participação em compras futuras. Nesta obra, utilizamos o termo *contratação* de forma ampliada.

Na cadeia de suprimentos, as atividades relativas à contratação são determinantes no apoio às atividades de agregação de valor aos clientes, conforme proposto por Porter (1998), e o tomador das decisões de contratação deve focalizar condições que apoiem a cadeia produtiva, tais como:

- assegurar o fluxo ininterrupto de materiais;
- colaborar na padronização de itens e serviços a serem adquiridos;
- providenciar os suprimentos e serviços necessários para operar a organização;
- manter o menor investimento (equipamentos e veículos são fornecidos pelos contratados) e o menor nível de estoque possível, com entregas em lotes pequenos e uso de *just-in-time* (JIT);
- manter, entre as partes do contrato (contratante e contratado), padrões acordados de qualidade nos fornecimentos e na prestação de serviços associados;

- contribuir para melhorar a posição competitiva da empresa;
- desenvolver e manter fornecedores competentes.

Os autores Lambert e Stock (1999) sugerem que o profissional de contratação utilize alguns critérios e indicadores em seu processo de decisão de compras. São eles:

- prazo de entrega;
- variabilidade do prazo de entrega;
- percentual de entregas pontuais;
- percentual de disponibilidade em estoque;
- conveniência na colocação de pedidos;
- capacidade de resposta rápida às necessidades previstas ou eventuais;
- paradas na produção causadas por falhas no fornecimento;
- embarques incompletos ou atrasos de entrega;
- recusas no controle de qualidade;
- especificações técnicas, serviços técnicos e treinamento oferecido;
- reputação geral do fornecedor;
- prazos de pagamento de serviços pós-compra;
- flexibilidade do fornecedor para se ajustar às necessidades do cliente, sua capacidade de engenharia e projeto (*design*).

A qualidade do fornecedor diz respeito a sua adequação e ao cumprimento do acordado e pode ser especificada de diversas maneiras pelo comprador, como prazos e condições de projetos de engenharia, especificação de materiais e métodos de fabricação, especificações e medidas de desempenho e, mais importante, sua capacidade de reagir com base em demandas ou intervenientes não previstos.

> O fornecedor deve buscar soluções para a correção de falhas, e o ajuste de pagamentos deve vir depois das soluções. Essa condição exprime a colaboração e o entendimento entre as partes.

Assim, Juran (1997) aponta algumas condições do relacionamento entre clientes e fornecedores, a saber: cooperação mútua durante a execução de contrato, planejamento conjunto do pré-contrato, avaliação da aptidão e das condições de atendimento dos fornecedores e custo total de uma compra.

A **homologação de fornecedores** é uma condição básica na busca pelo melhor desempenho nas relações entre cliente e fornecedor e pode ser expressa por uma certificação que auxilia na correta seleção de fornecedores. De modo geral, um fornecedor certificado custa menos à empresa pelo fato de não exigir inspeção de recebimento e pela redução de estoques e de custos de falhas internas e externas pela qualidade consistente.

Perguntas & respostas

Quais são as principais formas de identificação, homologação, seleção e avaliação de operadores logísticos (3PLs)?

Os processos de homologação, seleção e avaliação de fornecedores são críticos e partem da explicitação do que contratar e de em que momentos as áreas de contratação, produção, logística, qualidade, desenvolvimento de produtos e financeira participam deles. A prospecção se dá por consultas ao mercado ou com o auxílio de consultores. A identificação resulta da determinação daqueles que atendem aos requisitos da contratação. A homologação abrange aspectos técnicos, de reputação e financeiros e pode ser auxiliada por visitas técnicas às instalações de eventuais proponentes. A seleção é feita por concorrência e pode ser demorada e, para tanto, são avaliadas propostas técnicas, que podem incluir a explicitação de alternativas logísticas para a solução do caso em questão e propostas financeiras, ou seja, preços e formas de pagamento. A adjudicação compreende uma reunião com os proponentes para discutir detalhes das propostas. Da contratação participam as áreas envolvidas no processo. O início dos trabalhos também exige reuniões para compatibilização e adequação de expectativas e formas de prestação de serviços. A avaliação é permanente e deve ser feita em tempos, formas e por indicadores previamente acordados, sendo compartilhada e discutida com os provedores, tendo em vista a possibilidade de serem tomadas ações corretivas ou mitigadoras.

Cada organização compradora determina seu critério de **qualificação e certificação** (homologação) de fornecedores, tendo em vista o mais adequado a suas peculiaridades e necessidades; também é possível utilizar critérios-padrão entre os diferentes tipos de certificação existentes.

Primeiramente, deve-se conhecer o desempenho que se espera dos fornecedores, em atendimento às metas e aos objetivos da empresa. Esse desempenho é determinado em conjunto por diversas áreas da organização, como a de contratação, produção, logística, qualidade, desenvolvimento de produtos e financeira. Cada uma dessas áreas propõe indicadores-chave de desempenho (*key performance indicators* – KPIs) para cobrir aspectos como qualidade, pontualidade de entrega, *lead times*, flexibilidade, tempo de resposta e custo de garantia.

As normas industriais de uso genérico facilitam a eliminação de barreiras técnicas e comerciais ao evitar conflitos entre as especificações dos produtos. No Brasil, destacam-se as seguintes certificações e prêmios de qualidade:

- **ISO[1] 9000** – É o conjunto[2] das normas ISO 9000, 9001, 9004 e 19011, aplicadas em indústrias, empresas, instituições e afins, as quais se referem à qualidade dos processos nas organizações. Elas descrevem regras relacionadas à implantação, ao desenvolvimento, à avaliação e à continuidade de sistemas de gestão da qualidade (SGQs).
- **ABNT NBR ISO 14000:2004** – É constituída por uma série de normas que determinam diretrizes para garantir que uma empresa (pública ou privada) pratique a gestão ambiental. Essas normas são conhecidas pelo sistema de gestão ambiental (SGA), que é definido pela ISO. O principal objetivo da ABNT NBR ISO 14000:2004 e de suas normas é garantir equilíbrio e proteção ambiental, prevenindo a poluição e seus potenciais problemas para a sociedade e a economia.

A Associação Brasileira de Normas Técnicas (ABNT, 2016) informa em seu sítio que constituiu o Foro Nacional de Normalização e, como entidade privada e sem fins lucrativos, é membro fundador da ISO, da Comisión Pan-Americana de Normas Técnicas (Comisión Panamericana de Normas Tecnicas – Copant) e da Associação Mercosul de Normalização (Asociación Mercosur de Normalización – AMN), sendo desde sua fundação membro da Comissão Eletrotécnica Internacional (International Electrotechnical Commission – IEC).

---

[1] International Organization for Standardization – ISO (em português, Organização Internacional para Normalização ou Organização Internacional para Padronização).

[2] São estas as quatro normas: *ISO 9000 – Fundamentos e vocabulário*; *ISO 9001 – Sistemas de gerenciamento da qualidade: requisitos*; *ISO 9004 – Sistemas de gerenciamento da qualidade: guia para melhoramento da performance*; e *ISO 19011 – Auditorias internas da qualidade e ambiental*.

> No Brasil, a ABNT é responsável pela publicação das Normas Brasileiras (ABNT/NBR) elaboradas pelos Comitês Brasileiros (ABNT/CB), pelos Organismos de Normalização Setorial (ABNT/ONS) e pelas Comissões de Estudos Especiais (ABNT/CEE). Além disso, desde 1950, atua na avaliação da conformidade, dispondo de programas para certificação de produtos, sistemas, pessoas e rotulagem ambiental.

O desenvolvimento de uma base de fornecedores tendo em vista o objetivo de reduzir as não conformidades é percebido pelas empresas como fator de aperfeiçoamento de sua competitividade, por meio da melhoria contínua do desempenho e do estímulo a relacionamentos de longo prazo.

Juran (1999) associou a percepção da qualidade do desempenho dos fornecedores aos seguintes motivos:

- **Peças e materiais comprados incorporados aos produtos** – Muitos fabricantes de equipamentos originais (*original equipment manufacturer* – OEM) têm pelo menos a metade dos materiais incluídos em seus produtos comprada de fornecedores externos.
- **Altos custos em algumas empresas representados pela má qualidade de itens de fornecedores** – Cerca de 75% das reclamações em relação a prazos são oriundas de itens adquiridos de fornecedores externos.
- **Interdependência entre comprador e fornecedor** – As relações nas cadeias de suprimentos tornam as empresas dependentes de fornecedores ao optarem, por exemplo, por instalações de manufatura integradas, incorrer em dependência tecnológica e contratar entregas JIT.

A aquisição de materiais e peças na modalidade JIT, em que a entrega e a disponibilização dos itens são feitas exatamente no momento de sua utilização, necessariamente cria um relacionamento estreito com um número pequeno de fornecedores, que se propõem a oferecer um suprimento ininterrupto de materiais e se comprometem com isso. Essa modalidade tem de ser muito bem negociada e estabelecida, pois a falta ou a falha de materiais em linhas de montagem podem causar prejuízos significativos aos compradores.

O Quadro 5.3 apresenta as características da modalidade JIT em relação ao fornecedor, à qualidade e à quantidade dos bens negociados, conforme proposto por Lambert e Stock (1999).

Quadro 5.3 – Característica da modalidade JIT

Fornecedores	• Poucos. • Próximos geograficamente. • Negócios constantes com os mesmos fornecedores. • Aglutinação de fornecedores longínquos. • Concorrência limitada a novas peças. • Os fornecedores são estimulados a praticar JIT com os seus próprios fornecedores.
Quantidade	• Taxa constante de produção. • Entregas frequentes em pequenas quantidades. • Contratos de longo prazo. • Quantidade de entrega variável determinada no contrato. • Fornecedor estimulado a embalar produtos na quantidade exata. • Fornecedores estimulados a reduzir seus lotes de produção.
Qualidade	• Especificações do produto impostas ao fornecedor. • Relacionamento estreito entre os compradores e o pessoal da garantia de qualidade do fornecedor. • Fornecedores estimulados a usar quadros de controle de processos em vez de inspeção por amostragem.
Transportes	• Programação dos transportes de recebimento. • Aumento do controle ao não usar transportadores comuns, mas transporte próprio ou contratado, armazenagem contratada e carretas para consolidação/armazenagem de cargas onde for possível.

Fonte: Adaptado de Lambert; Stock, 1999, p. 500, tradução nossa.

A modalidade de compra JIT implica a execução de um processo complexo com potenciais fornecedores, o qual vai de sua prospecção, identificação, homologação/certificação, licitação e contratação ao seu acompanhamento por indicadores de desempenho acordados entre as partes, de modo a concretizar um relacionamento contínuo, planejado e fundamentado na confiança e no entendimento mútuos, no planejamento conjunto e nas relações "ganha-ganha"[3].

---

3   O termo *ganha-ganha* tem origem na teoria de negociação e significa que ninguém perde em uma relação de troca. Essa é uma condição ideal entre fornecedores e compradores.

Estudo de caso

As dez megatendências das cadeias de suprimentos e da logística de acordo com o relatório *Material Handling & Logistics U.S. Roadmap*

Em janeiro de 2014, foi publicado o relatório *Material Handling & Logistics U.S. Roadmap*, desenvolvido pelos pesquisadores Kevin Gue, da Auburn University (editor-chefe); Elif Akcali, da University of Florida; Alan Erera, do Georgia Institute of Technology; Bill Ferrell, da Clemson University; e Gary Forger, da Mitsubishi Heavy Industries (MHI), com base em uma série de oficinas e encontros com especialistas do setor. O objetivo foi identificar, no ambiente atual de mudanças rápidas e incertezas, quais são as tendências e as bases para novos arranjos empresariais na logística e nas cadeias de suprimentos.

Os autores destacam que as empresas já estão buscando formas de estreitar suas relações desde a linha de produção até as prateleiras das lojas (ou catálogos de lojas do *e-commerce*), para aproveitar as oportunidades e a produção. O manuseio de materiais e o transporte já se mostram como partes de um processo único, em contraposição aos processos anteriores de eventos discretos.

Após 18 meses de trabalho dos autores e consulta a mais de 100 líderes do setor nos Estados Unidos, incluindo gerentes logísticos, fornecedores, a academia, associações especializadas e o governo, a obra se completou e identificou 10 megatendências referenciadas a mais de 60 capacitações que o setor precisará desenvolver, as quais são listadas a seguir.

1. Mudança na mão de obra

A preocupação com as pessoas esteve sempre presente em todas as discussões desenvolvidas, e a constatação é a existência de desafios imediatos: uma mão de obra que muda rapidamente e se defronta com planos de carreira mal definidos, sistemas de treinamento/capacitação subdimensionados e pobremente conectados e que oferecem habilidades inadequadas. A obra sugere que o setor, a academia e o governo se juntem em um esforço para incorporar mulheres, trabalhadores com menos de 35 anos, pessoas com deficiência física e veteranos de guerras. Além disso, sugerem-se estratégias e padrões regionais e nacionais de recrutamento para o setor.

2. CRESCIMENTO DO E-COMMERCE

O panorama do varejo já se alterou definitivamente pelo aparecimento e pela expansão do *e-commerce*, e é claro que estamos vivenciando somente o começo de uma profunda transformação de como as pessoas compram produtos. O relatório aponta que, com o aumento da utilização de serviços de telecomunicação móveis, exige-se o investimento dos varejistas na adoção de multicanais (*omni-channel*). O relatório explicita que "a demanda e a oferta estão trabalhando juntas para aumentar o tamanho do mercado". A visão é a de que, no futuro, todos os embarques sejam rastreados em tempo real, desde o instante de sua expedição na origem até sua colocação no destino final, e o acompanhamento será tanto na mercadoria em trânsito como em instalações intermediárias e, ainda, no nível de itens individuais, independentemente do transportador ou do modo de transporte. Além disso, os tempos de processamento típicos do pedido ao embarque[4] deverão ser suficientes para apoiar a entrega de itens no "mesmo dia", pois esses itens estarão em estoque.

3. COMPETIÇÃO INCANSÁVEL

A competição, usualmente, ocorre em duas dimensões, preço e serviço, mas a empresa que conseguir oferecer a melhor alternativa, mais rápida e mais barata ao mercado o liderará no futuro. Em 2012, segundo o relatório, o dispêndio total em logística e transporte nos Estados Unidos alcançou $ 1,33 trilhão de dólares, correspondendo a 8,5% do Produto Interno Bruto (PIB), ou seja, um mercado significativo que atrai concorrentes e expande a natureza e o escopo dos serviços prestados, como o aparecimento e a consolidação da atuação dos provedores de serviços logísticos

---

[4] Tempo decorrido da colocação do pedido à expedição do produto.

(*Third Party Logistics Providers* – 3PLs). Os sistemas futuros deverão ter flexibilidade para atender às mudanças relativas a locais e tempos sem aumento de custos. No futuro, o setor de logística deverá oferecer uma ampla gama de serviços e com custo menor. Outra constatação é a de que uma parcela importante dos embarcadores poderá usualmente compartilhar ativos nos negócios.

4. Personalização em massa

Essa tendência representa a quebra definitiva do paradigma da produção em massa de produtos padronizados para aproveitamento de economias de escala. O desafio será a personalização de produtos ofertados com custos baixos e produtos sendo entregues aos clientes quando e onde eles quiserem. No futuro, o setor de logística deverá ser capaz de atender a um conjunto bastante diversificado de pedidos e diferentes canais de distribuição. Os clientes farão seus pedidos por telefone, celulares ou computadores e também pelos meios tradicionais, e os modos de entrega terão de se ajustar a essa diversidade de pedidos, mantendo os níveis de serviços de entrega, que poderão variar de tempos definidos, entrega em prazo mais longo e até no mesmo dia e na mesma hora.

5. Urbanização

Atualmente, mais de 50% da população mundial vive em áreas urbanas altamente povoadas. No atendimento a essa demanda concentrada, as empresas fornecem diversos produtos em pequenas quantidades e com uma alta participação de entregas domiciliares – tudo representando um custo terrestre alto de distribuição de último quilômetro[5] (*last mile*). No futuro, as principais cidades deverão contar com serviços de pequenas entregas para múltiplos varejistas, e os consumidores poderão especificar formas de entregas personalizadas no local onde se encontram e em tempo real.

6. Computação móvel ou carregável (*WEARABLE*)

Smartphones possibilitam aos consumidores a compra em qualquer hora ou lugar e também servem para localizar a posição do usuário

---

[5] Refere-se ao último passo da entrega do produto, por exemplo, desde o embarque em um centro de distribuição (CD) à entrega ao cliente final. Ele é crítico em grandes cidades, como São Paulo.

para uma entrega dinâmica de produtos físicos. À medida que os consumidores começarem a utilizar a tecnologia carregável (*wearable technology*), as operações logísticas poderão passar a compartilhar dados em tempo real. A tendência é de um uso dessas tecnologias nas atividades de transporte, armazenagem e produção.

7. Robótica e automação

Os avanços da robótica e da automação vêm ocorrendo em velocidade crescente, e o relatório aponta como principal impacto na logística o uso da robótica, do controle automatizado, de veículos não tripulados e da tecnologia carregável – os autores relatam que, durante o período de elaboração dos estudos, a Amazon anunciou a possibilidade do uso de *drones* para entregas. Para o futuro, são previstas a possibilidade econômica do uso de sistemas de robótica para a recuperação de produtos armazenados para atendimento de pedidos e a automação de alta velocidade para o carregamento e descarregamento de veículos, tanto de caixas como de paletes.

8. Sensores e internet de objetos

Tecnologias como a *radio-frequency Identification* (RFID), ou identificação por radiofrequência, têm permitido que objetos físicos se comuniquem com sistemas digitais, propiciando informações detalhadas de rastreamento ou de manutenção e a automatização da tomada de decisão em relação a movimentações de bens físicos sem intervenção humana. Com o crescimento e o barateamento da tecnologia de sensoriamento, as diferenças de tempo entre o mundo físico e o digital vão diminuir, aumentando a eficiência e a velocidade dos mais variados processos. Ou seja, a transmissão de dados pela internet se fará ao mesmo tempo que a realização dos movimentos físicos. Unidades de manuseio etiquetadas e padronizadas em dimensões e funcionalidades poderão ser gerenciadas de forma semelhante à observada nas interfaces digitais ao longo das cadeias de suprimentos. No futuro, grandes centros intermodais concentradores de carga (*hubs*) poderão movimentar contêineres padronizados no nível de unidades de produtos e na integração de sua carga e descarga. Espera-se ainda o desenvolvimento de formatos de dados aceitos por todos os tipos de sensores.

9. Grande volume de dados e análise preditiva

A disponibilidade de dados e a capacidade computacional têm alterado a forma pela qual as empresas tomam decisões logísticas nas cadeias de suprimentos. Elas valorizam a habilidade de prever qualquer ação ou contingência e se preparar para elas. No futuro, mais aplicações de dados em nuvem (*cloud*), roteirização de veículos e programação vão utilizar dados de tráfego em tempo real para apoiar sua roteirização dinâmica.

10. Sustentabilidade

A questão ambiental vai além de programas de reciclagem e utilização de alternativas de energias renováveis. O conceito de sustentabilidade deve ajudar as empresas a se tornarem "ágeis e enxutas o bastante para prosperarem em tempos turbulentos", aponta o relatório. No futuro, o setor deve desenvolver mensurações padronizadas e aceitas para lidar com seu impacto ambiental, e os consumidores deverão entender melhor as consequências ambientais de suas escolhas; o gasto de energia no transporte e as tecnologias de manuseio de materiais deverão buscar um consumo menor de energia ou novas fontes energéticas, assim como a produção e as instalações de distribuição deverão estar certificadas apropriadamente por entidades reconhecidas.

Fonte: Adaptado de Material..., 2014.

SÍNTESE

Vimos, neste capítulo, que, nas práticas de ACS, a questão da negociação é bastante complexa e se caracteriza como um processo de atualização, revisão e realização de perguntas relevantes, na busca por um aprendizado mútuo entre as partes a fim de minimizar as diferenças da percepção e da definição de valor na negociação. Para o sucesso, devem ser considerados alguns elementos – interesses, senso de legitimidade, relacionamentos, alternativas, opções, compromissos, contexto, comunicação, tempo e conformidade –, que podem ter concepções diferentes. Assim, aprendemos que a identificação e a homologação de fornecedores constituem práticas básicas para o melhor desempenho nas relações entre clientes e fornecedores nas cadeias de suprimentos e podem se basear em sistemas próprios ou não de certificações dos fornecedores.

De modo geral, observamos que um fornecedor certificado custa menos à empresa, e cada organização determina seu critério de qualificação, certificação e avaliação de fornecedores, tendo em vista o mais adequado a suas peculiaridades e necessidades. Ainda, se considerar mais adequado, pode utilizar critérios-padrão entre os diferentes tipos de certificação existentes. Esses critérios devem ser compartilhados com os fornecedores contratados.

Questões para revisão

1. Sobre os conceitos associados a consórcios modulares e condomínios industriais, assinale a(s) alternativa(s) **incorreta(s)**:
   a) Consórcios modulares e condomínios industriais são arranjos produtivos nos quais fornecedores de peças e subsistemas se localizam próximos ou dentro do sítio de uma empresa focal. A decisão de localização é determinada pela empresa central.
   b) Consórcio modular diz respeito a um conjunto de empresas compradoras que se cotizam mensalmente e têm seu fornecimento (módulo) decidido por lance em leilão eletrônico ou sorteio.
   c) Consórcios modulares objetivam a redução de custos e tempos de fornecimento e representam fisicamente relações comerciais de parceria em que os fornecedores se responsabilizam pelo fornecimento de materiais, operações de equipamentos de produção e montagem, bem como submontagem de sistemas e gestão de suprimentos.
   d) Condomínios industriais também objetivam a redução de custos e tempos de fornecimento, e em relações comerciais de parceria os

fornecedores são instados a se localizarem próximo às instalações de uma montadora. Essa localização é condição de fornecimento.
e) Condomínio industrial diz respeito à existência em uma localização de um conjunto de empresas em que acessos e movimentações são controlados por um representante eleito, que atua como síndico gerente e tem responsabilidade pelo bom andamento, pela limpeza e pela conduta dos condôminos.

2. Quais condições de negociação devem ser consideradas pelos administradores de cadeias de suprimentos?

3. Sobre os cuidados relativos à preparação para uma negociação internacional, assinale a(s) alternativa(s) correta(s):
   a) Negociações internacionais são complexas pelas diferenças de culturas, idiomas, hábitos e formas de negociar dos participantes. Esses aspectos devem ser cuidadosamente considerados, e a negociação, preparada, para não haver situações desagradáveis que prejudiquem os resultados esperados.
   b) Povos diferentes têm costumes diferentes, os quais não devem ser julgados, mas gerenciados. Outro exemplo é o idioma. O ideal é comunicar-se no idioma da contraparte, mas, se não for possível, a ajuda de um tradutor habilitado e de confiança é imprescindível.
   c) Em uma negociação internacional, é necessário considerar os aspectos culturais, mas também tomar cuidado com estereótipos ou simplificações. As pessoas são diferentes entre si em seus grupos étnicos e culturais.
   d) Em uma negociação, é importante saber ouvir e entender o objetivo do outro. Nas negociações internacionais, além de ouvir, é preciso interpretar para poder entender a contraparte. O que interessa é um resultado que atenda aos objetivos previstos anteriormente e a continuidade de relações comerciais proveitosas.
   e) Em relações internacionais, o inglês é o idioma mais utilizado, e os profissionais devem investir em sua capacitação nessa língua, ou seja, entender, falar e escrever nesse idioma. O importante é comunicar-se, fazer-se entender e saber que, no aprendizado de um idioma, não existem milagres, pois ele nunca termina, afinal, é resultado de esforço permanente.

4. Quais são os critérios usuais de homologação, seleção e avaliação de fornecedores nas cadeias de suprimentos?

5. Sobre as condições nas quais se justifica a adoção de entregas na modalidade JIT, assinale a(s) alternativa(s) **incorreta(s)**:

a) A modalidade JIT, que faz parte do modelo japonês de produção e que se espalhou pelo mundo com base no exemplo da indústria automobilística, representa um acordo de entrega de materiais justamente no momento de sua utilização e, consequentemente, em entrosamento perfeito com os fornecedores que suprem os programas de produção. Ela significa a transferência de parte dos estoques para os fornecedores.

b) O compromisso de entregas JIT deve ser muito bem negociado, pois acentua a dependência comprador/fornecedor e, do lado do vendedor, implica lotes menores e maior frequência de entregas, o que representa custos maiores de distribuição. As condições de negociação, idealmente, devem levar em conta essas condições.

c) A modalidade de compra JIT é concretizada por um processo complexo de contratação, no qual potenciais fornecedores são selecionados com base em sua prospecção, identificação, homologação (certificação), licitação e contratação. A avaliação é feita com o acompanhamento de indicadores de desempenho acordados, de modo a concretizar um relacionamento contínuo, planejado e fundamentado na confiança e no entendimento mútuos.

d) Os fornecedores na modalidade JIT, em geral, são encontrados em pequeno número e se localizam próximo ao comprador. Os materiais têm embalagem adequada e, muitas vezes, são montados em subsistemas para a entrega JIT. Os contratos têm prazo mais longo e há uma relação estreita com as áreas de gestão da qualidade, cujo controle pode ser feito nas instalações do fornecedor previamente às entregas e por amostragem.

e) A entrega JIT é programada de comum acordo e pode incorporar a roteirização da coleta em mais de um local (*milk run*), a obediência de janelas de tempo de entrega (*time windows*) e, ainda, a disposição do carregamento em caminhões (*siders*) na ordem de seu encaminhamento para as linhas de montagem.

Para saber mais

As cadeias globais de suprimentos são cada vez mais importantes e têm como requisito a capacitação em suas características de negociação. Tendo em vista sua ligação com o comércio exterior, é importante para um profissional da área da logística conhecer o material divulgado pelo Ministério da Indústria, Comércio Exterior e Serviços (MDIC). No menu à esquerda do sítio indicado a seguir, ao clicar em "Negociações Internacionais", você encontra submenus que apresentam os acordos internacionais do Brasil e as condições particulares de negociação e de compra e venda em cada um deles.
BRASIL. Ministério da Indústria, Comércio Exterior e Serviços. **Comércio exterior**. Disponível em: <http://www.mdic.gov.br/comercio-exterior>. Acesso em: 21 set. 2016.

Outra publicação importante é o *Manual de negociações internacionais*, elaborado pela Federação das Indústrias do Estado de São Paulo (Fiesp).
FIESP – Federação das Indústrias do Estado de São Paulo. Departamento de Relações Internacionais e Comércio Exterior. **Manual de negociações internacionais**. São Paulo, jun. 2003. Disponível em: <http://docslide.com.br/documents/manual-negociacoes-internacionais.html>. Acesso em: 21 set. 2016.

O livro *Qualidade: a revolução da administração* foi editado à época da Autolatina Brasil Ltda., por ocasião da visita de William Edwards Deming ao Brasil para participação em seminários internos de treinamento. O autor foi o criador dos sistemas de gestão da qualidade aplicados com sucesso nas empresas japonesas no pós-guerra e, algum tempo depois, adotados pelas empresas norte-americanas. A obra indicada apresenta e detalha o método de 14 pontos para mudança da atitude das empresas e de seus funcionários em relação aos processos de qualidade.
DEMING, W. E. **Qualidade**: a revolução da administração. Rio de Janeiro: M. Saraiva, 1990.

Para concluir...

A administração da cadeia de suprimentos (ACS), que tem como base a gestão, ou seja, o planejamento, a execução e o controle dos componentes logísticos e das formas de inter-relação das empresas (elos) das cadeias, configura-se como um dos instrumentos para competição nos mercados domésticos e internacionais. O menor custo logístico total decorre da exploração das trocas compensatórias entre os componentes logísticos, e uma forma de planejamento e controle usual é a gestão dos ciclos de pedidos, compreendendo desde sua emissão e seu recebimento até a efetiva entrega dos produtos.

Como vimos, nas cadeias globais de suprimentos, destacam-se os cuidados inerentes ao *marketing* internacional e o atendimento a procedimentos legais aduaneiros. As cadeias globais são complexas principalmente pela maior distância e tempos de movimentação de que necessitam. No entanto, são uma realidade dos negócios atuais e futuros.

A gestão integrada dos componentes da logística visa ao atendimento das necessidades dos clientes e à melhoria dos processos operacionais e de produção. Além disso, busca a redução dos custos totais logísticos, ou seja, a somatória dos custos incorridos, e não sua diminuição por partes. O atendimento do nível de serviço desejado parte da identificação e da avaliação das trocas compensatórias (*trade-offs*) de custos entre os componentes, com o objetivo de reduzir os custos totais logísticos.

Quanto à configuração das cadeias de suprimentos e à forte inter-relação que se estabelece entre compradores e vendedores, ambas poderiam fazer crer que parcerias são estabelecidas naturalmente na direção de alianças estratégicas. Mas, como vimos, isso não ocorre dessa forma. A importância das empresas focais na configuração das cadeias de suprimentos, para as quais essas empresas ditam as normas e os indicadores de desempenho, dificulta esse tipo de relacionamento colaborativo e compartilhado.

A tecnologia da informação (TI) atua como apoio básico às transações realizadas nas cadeias de suprimentos. Assim, os sistemas de informação devem estar coordenados e integrados para a competitividade das empresas, que, ao compartilharem e integrarem informações logísticas, em tempo real, capacitam-se para gerenciar os pedidos dos clientes nos estágios de fabricação, transporte, armazenagem e entrega. Aos gerentes de logística cabe buscar atualização e proficiência na concepção e na utilização de sistemas e da TI, em avanço e desenvolvimento contínuos. Informação é o ar que os profissionais de logística respiram (nunca se esqueça disso!).

O domínio de técnicas de negociação é essencial na ACS e, como tal, deve ser objeto de capacitação constante dos profissionais, pois, embora se trate de fluxos de materiais e de informação formatados, é nas relações interpessoais que as cadeias de suprimentos se materializam e alcançam resultados satisfatórios. O profissional deve estar sempre atento a aspectos diferenciados desses relacionamentos, dado que há interesses, algumas vezes antagônicos, opções e alternativas de ação que dependem de entendimento e colaboração. Compromissos têm de ser acordados e cumpridos, a comunicação tem de ser clara para as partes, e o tempo deve ser gerenciado em conformidade com necessidades e hábitos, adequando-se ao contexto.

A prospecção, a identificação, a avaliação e a homologação de fornecedores são práticas fundamentais nas relações críticas de compra e venda que se estabelecem nas cadeias de suprimentos. Seus critérios podem atender a especificações próprias ou podem lançar mão de certificações usuais no mercado. Um fornecedor escolhido devidamente pode evitar custos futuros, uma vez que proporciona segurança em relação aos produtos entregues, de forma consistente, e atende ao acordado e programado. As formas de avaliação e homologação são as mais diversas, e cada empresa pode adotar seus próprios critérios, os quais devem ser conhecidos, compartilhados e aceitos pelos fornecedores.

Esta obra demonstrou a atualidade e a complexidade da ACS, não mais uma novidade ou tendência, mas uma prática corrente em todos os setores empresariais, em maior ou menor escala. Os avanços dos sistemas de comunicação e de TI, em constante aperfeiçoamento, exigem dos profissionais de logística que atuam em cadeias de suprimentos capacitação e aperfeiçoamentos constantes e permanentes. Em cadeias de suprimentos, não há espaço para dizer "terminei minha formação", mas "tenho consciência de que cada etapa de aprendizado é um passo necessário para o meu exercício profissional, o que não é suficiente para garantir o meu sucesso nesse desempenho".

Nesse sentido, o objetivo desta obra é contribuir para seu aprendizado e servir de estímulo para o trabalho neste fascinante campo empresarial, que, sem dúvida, é estratégico para as empresas e básico para o desenvolvimento de nosso país.

Referências

4LINUX. **O que é groupware?**. Disponível em <https://www.4linux.com.br/o-que-e-groupware>. Acesso em: 23 mar. 2016.

ABNT – Associação Brasileira de Normas Técnicas. **Conheça a ABNT**. Disponível em: <http://www.abnt.org.br/abnt/conheca-a-abnt>. Acesso em: 23 mar. 2016.

ABRE – Associação Brasileira de Embalagem. **Embalagem**. Disponível em: <http://www.abre.org.br/setor/apresentacao-do-setor/a-embalagem/>. Acesso em: 11 abr. 2016.

BALLOU, R. H. **Gerenciamento da cadeia de suprimentos**. 4. ed. Porto Alegre: Bookman, 2001.

____. **Logística empresarial**: transportes, administração de materiais e distribuição física. São Paulo: Atlas, 1993.

BANZATO, E. **Tecnologia da informação aplicada à logística**. São Paulo: Iman, 2005.

____. **WMS – Warehouse Management System**: sistema de gerenciamento de armazéns. São Paulo: Iman, 1998.

BEZERRA, F. Stakeholders: do significado à classificação. O que é um stakeholder? **Portal Administração**, 13 jul. 2014. Disponível em: <http://www.portal-administracao.com/2014/07/stakeholders-significado-classificacao.html>. Acesso em: 23 mar. 2016.

BORNHOFEN, D.; KISTENMACHER, G. M. P. Negociação internacional baseada na influência cultural: Alemanha. **Revista Interdisciplinar Científica Aplicada**, Blumenau, v. 1, n. 2, p. 01-15, 2007. Disponível em: <http://rica.unibes.com.br/index.php/rica/article/viewFile/33/28>. Acesso em: 14 jul. 2014.

BOWERSOX, D. J. **Logistical Management**. New York: Macmillan, 1974.

____. Os benefícios estratégicos das alianças logísticas. In: MONTGOMERY, C. A.; PORTER, M. A. **Estratégia**. Rio de Janeiro: Campus, 1998.

BOWERSOX, D. J.; CLOSS, D. J.; COOPER, M. B. **Gestão logística de cadeias de suprimentos**. Porto Alegre: Bookman, 2006.

BOWERSOX, D. J.; CLOSS, D. J. **Logistical Management**: The Integrated Supply Chain Process. New York: McGraw-Hill, 1996.

BRANDÃO, A.; DUZERT, Y.; SPINOLA, A. T. **Negociação**. 3. ed. Rio de Janeiro: Fundação Getúlio Vargas, 2010.

CARVALHO, A. P.; BARBIERI, J. C. Inovações socioambientais em cadeias de suprimento: um estudo de caso sobre o papel da empresa focal. **RAI – Revista de Administração e Inovação**, São Paulo, v. 10, n. 1, p. 232-256, 2013.

CATEORA, P. R.; GRAHAM, J. L. **Marketing internacional**. 13. ed. São Paulo: LTC, 2009.

CAVUSGIL, S. T.; KNIGHT, G.; RIESENBERGER, J. R. **Negócios internacionais**: estratégia, gestão e novas realidades. São Paulo: Pearson Prentice Hall, 2010.

CHOPRA, S.; MEINDL, S. **Gerenciamento da cadeia de suprimentos**: estratégia, planejamento e operação. São Paulo: Prentice Hall, 2003.

CHRISTOPHER, M. **Logística e gerenciamento da cadeia de suprimentos**: criando redes que agregam valor. Tradução de Mauro de Campos Silva. 2. ed. São Paulo: Thomson Learning, 2007.

____. **Logística empresarial**. 2. ed. São Paulo: Cengage Learning, 2009.

COOPER, M. C.; LAMBERT, D. M.; PAGH, J. D. Supply Chain Management: More than a New Name for Logistics. **The International Journal of Logistics Management**, v. 8, n. 1, 1997.

COPACINO, W. C. **Supply Chain Management**: the Basics and Beyond. USA: The St. Lucie Press, 1997. (APICS Series on Resource Management).

CSCMP – Council of Supply Chain Management Profissionals. **Supply Chain Management. Glossary of Terms**. 2013. Disponível em: <https://cscmp.org/sites/default/files/user_uploads/resources/downloads/glossary-2013.pdf?utm_source=cscmpsite&utm_medium=clicklinks&utm_content=glossary&utm_campaign=GlossaryPDFGlossa>. Acesso em: 16 jan. 2016.

DAVENPORT, T. H.; MARCHAND, D. A. (Org.). **Dominando a gestão da informação**. Porto Alegre: Bookman, 2004.

DAVID, P.; STEWART, R. **Logística internacional**. São Paulo: Cengage Learning, 2010.

DE SORDI, J. O. **Administração da informação**: fundamentos e práticas para uma nova gestão do conhecimento. São Paulo: Saraiva, 2008.

DORNIER, P. et al. **Logística e operações globais**: textos e casos. São Paulo: Atlas, 2007.

ERNST & YOUNG. **Supply Chain Advantage**: Driving Vision to Value. USA: Folder, 1998.

FELDENS, L. F.; MAÇADA, A. C. G.; SANTOS, A. M. Impacto da tecnologia da informação na gestão das cadeias de suprimentos: um estudo de casos múltiplos. **Gestão & Produção**, São Carlos, v. 14, n. 1, p. 1-12, jan./abr. 2007.

FIESP – Federação das Indústrias do Estado de São Paulo. Departamento de Relações Internacionais e Comércio Exterior. **Manual de negociações internacionais**. São Paulo, jun. 2003. Disponível em: <http://docslide.com.br/documents/manual-negociacoes-internacionais.html>. Acesso em: 19 jan. 2016.

FISCHMANN, A. A. **Planejamento estratégico na prática**. São Paulo: Atlas, 1990.

GEM – Global Entrepreneurship Monitor. **Empreendedorismo no Brasil**: 2013. Curitiba: IBQP, 2013. Disponível em: <http://www.sebrae.com.br/Sebrae/Portal%20Sebrae/Anexos/GEM_2013_Pesquisa_Completa.pdf>. Acesso em: 24 jun. 2014.

GHISI, F. A.; SILVA, A. L. Implantação do Efficient Consumer Response (ECR): um estudo multicaso com indústrias, atacadistas e varejistas. **RAC – Revista Administração Contemporânea**, Curitiba, v. 10, n. 3, p. 111-132, 2006. Disponível em: <http://www.scielo.br/scielo.php?script=sci_arttext&pid=S1415-65552006000300007>. Acesso em: 23 mar. 2016.

GOLEMAN, D. **Tecnologia e gestão da informação**. Rio de Janeiro: Elsevier, 2009.

GUERREIRO, R.; BIO, S. R.; MERSCHMANN, E. V. V. Cost-to-Serve Measurement and Customer Profability Analysis. **The International Journal of Logistics Management**, v. 19, n. 3, p. 389-407, 2008.

GURGEL, F. A. **Administração da embalagem**. São Paulo: Thomson Learning, 2007.

HAMEL, G.; PRAHALAD, C. K. A competência essencial da corporação. In: MONTGOMERY, C. A.; PORTER, M. A. **Estratégia**: a busca da vantagem competitiva. Rio de Janeiro: Campus, 1998.

HOUAISS, A.; VILLAR, M. S. **Dicionário Houaiss da língua portuguesa**. Rio de Janeiro: Objetiva, 2001.

IAPMEI – Instituto de Apoio às Pequenas e Médias Empresas. **Benchmarking nas empresas fornecedoras de serviços de logística**. Disponível em: <http://www.pmsmconsultores.com/novidades/wp-content/uploads/2007/07/estudo_sectorial_logistica.pdf>. Acesso em: 21 set. 2016.

ILOS – Especialistas em Logística e Supply Chain. **Terceirização logística no Brasil**. 2014. (Coleção Panorama ILOS). Disponível em: <http://www.ilos.com.br/ilos_2014/wp-content/uploads/PANORAMAS/PANORAMA_brochura_terceirizacao.pdf>. Acesso em: 21 set. 2016.

JABBOUR, A. B. L. S. et al. Práticas de gestão da cadeia de suprimentos e seus eventuais relacionamentos com as prioridades competitivas da produção: evidências empíricas do setor eletroeletrônico à luz de modelagem de equações estruturais. **Produção**, Rio de Janeiro, v. 23, n. 2, p. 241-256, abr./jun. 2013. Disponível em: <http://www.scielo.br/pdf/prod/v23n2/aop_0001_0435.pdf>. Acesso em: 16 jan. 2016.

JURAN, J. M. **Controle da qualidade**. 5. ed. São Paulo: Makron Books, 1999.

____. **Planejando a qualidade**. Rio de Janeiro: Campus, 1997.

KANTER, R. M. Collaborative Advantage: The Art of Alliances. **Harvard Business Review**, v. 72, n. 4, p. 96-108, Jul./Aug. 1994.

KOTLER, P. **Administração de marketing**. 10. ed. São Paulo: Prentice Hall, 2000.

LAMBERT, D. M.; EMMELHAINZ, M. A.; GARDNER, J. T. Developing and Implementing Supply Chain Partnerships. **The International Journal of Logistics Management**, v. 7, n. 2, p. 1-17, 1996.

LAMBERT, D. M.; STOCK, J. R. **Strategic Logistics Management**. 3rd. ed. EUA: Irwin, McGraw-Hill, 1999.

LAMBERT, D. M.; STOCK, J. R.; VANTINE, J. G. **Administração estratégica da logística empresarial**. São Paulo: Vantine Consultoria, 1998.

LAUDON, K. C.; LAUDON, J. **Sistemas de informação gerenciais**. 9. ed. São Paulo: Pearson Prentice Hall, 2010.

LCG – Logistics Consulting Group Inc. **Elements of 3PL Provider Selection**. 1998. Disponível em: <http://www.lcgrp.com>. Acesso em: 16 jan. 2016.

LOGILITY. **Five Keys to Transportation Planning and Optimization Success**: Delivering a Tangible Business Advantage. Disponível em: <https://www.logility.com/library/white-papers/logistics-papers/media/five-keys-to-transportation-planning-and-optimizat>. Acesso em: 20 jan. 2016.

MARCHETTI, R.; PRADO, P. H. M. Um tour pelas medidas de satisfação do consumidor. **RAE – Revista de Administração de Empresas**, São Paulo, v. 41, n. 4, p. 56-67, out./dez. 2001.

MARTINELLI, D. P. **Negociação empresarial**: enfoque sistêmico e visão estratégica. Barueri: Manole, 2002.

MARTINS, P. G.; LAUGENI, F. P. **Administração da produção**. 2. ed. São Paulo: Saraiva, 2005.

MATERIAL Handling & Logistics U.S. Roadmap. Jan. 2014. Disponível em <http://www.mhlroadmap.org/roadmap.html>. Acesso em: 19 jan. 2016.

MAXIMIANO, A. C. A. **Teoria geral da administração**: da revolução urbana à revolução digital. São Paulo: Atlas, 2007.

MINERVINI, N. **O exportador**: ferramentas para atuar com sucesso no mercado internacional. 5. ed. São Paulo: Pearson Prentice Hall, 2008.

MOELLER, C. **Logistics Concept Development Toward a Theory for Designing Effective Systems**. Tese (Departamento de Produção) – Universidade Aalborg, Dinamarca, 1994.

MOURA, R. A.; BANZATO, J. M. **Embalagem, unitização e conteinerização**. 2. ed. São Paulo, SP: Imam, 1997.

O'BRIEN, J. A. **Sistemas de informação e as decisões gerenciais na era da Internet**. São Paulo: Saraiva, 2002.

OHNO, T. **O Sistema Toyota de Produção**: além da produção em larga escala. Porto Alegre: Bookman, 1997.

PALÁCIOS, T. M. B.; SOUSA, J. M. M. **Estratégias de marketing internacional**. São Paulo: Atlas, 2004.

PELLEGRINO, L. **Embalagem**. Disponível em: <http://www.abre.org.br/setor/apresentacao-do-setor/a-embalagem/>. Acesso em: 18 mar. 2016.

PEREIRA, C. S. et al. A contribuição das empresas fornecedoras nas competências de uma cadeia de suprimentos do setor automotivo. **Produto & Produção**, Porto Alegre, v. 11, n. 3, p. 87-108, out. 2010.

PIRES, S. R. I.; SACOMANO NETO, M. Características estruturais, relacionais e gerenciais na cadeia de suprimentos de um condomínio industrial na indústria automobilística. **Produção**, Rio de Janeiro, v. 20, n. 2, p. 172-185, abr./jun. 2010. Disponível em: <http://www.scielo.br/pdf/prod/v20n2/aop_200710110.pdf>. Acesso em: 16 jan. 2016.

PORTER, M. E. **Competitive Advantage**: Creating and Sustaining Superior Performance. New York: Free Press, 1998.

_____. **Estratégia competitiva**: técnicas para análise de indústrias e da concorrência. Rio de Janeiro: Campus, 1986.

PROFESSIONAL ACADEMY. **Stakeholder Mapping**: Marketing Theories. Disponível em: <http://www.professionalacademy.com/blogs-and-advice/stakeholder-mapping---marketing-theories>. Acesso em: 23 mar. 2016.

RAMEY, T. L. **Lean Logistics**: High-Velocity Logistics Infrastructure and the C-5 Galaxy. USA: Rand, 1999.

RAZZAQUE, M. A.; SHENG, C. C. Outsourcing of Logistics Functions: a Literature Survey. **International Journal of Physical Distribution & Logistics Management**, v. 28, n. 2, p. 88-107, 1998.

ROBBINS, S. P. **Fundamentos do comportamento organizacional**. 8. ed. São Paulo: Pearson Prentice Hall, 2009.

ROBLES JÚNIOR, A. **Custos da qualidade**: uma estratégia para a competição global. São Paulo: Atlas, 1994.

ROBLES, L. T. **A prestação de serviços de logística integrada na indústria automobilística no Brasil**: em busca de alianças logísticas estratégicas. 176 f. Tese (Doutorado em Administração) – Universidade de São Paulo, 2001. Disponível em: <http://www.teses.usp.br/teses/disponiveis/12/12139/tde-30012004-115341/publico/TeseLeo.pdf>. Acesso em: 10 abr. 2016.

RODRIGUES, L. C.; OLIVEIRA, J. V. O processo de negociação, sua estrutura e importância no contexto atual. In: SIMPÓSIO DE EXCELÊNCIA EM GESTÃO E TECNOLOGIA, 2., 2005, **Anais...** Resende: AEDB, 2005. Disponível em: <http://www.aedb.br/seget/arquivos/artigos05/299_ARTIGO%20NEGOCIACAO.pdf>. Acesso em: 23 mar. 2016.

ROSS, D. F. **Competing through Supply Chain Management**. Creating Market-Winning strategies through Supply Chain Management. New York: Chapman & Hall, 1998.

SALERNO, M. S. et al. Mudanças e persistências no padrão de relações entre montadoras e autopeças no Brasil. **Revista de Administração da Universidade de São Paulo – Rausp**, São Paulo, v. 33, n. 3, jul./set. 1998.

SANTOS JUNIOR, S.; FREITAS, H.; LUCIANO, E. M. Dificuldades para o uso da tecnologia da informação. **RAE-eletrônica**, v. 4, n. 2, art. 20, jul./dez. 2005. Disponível em: <http://www.scielo.br/pdf/raeel/v4n2/v4n2a05.pdf>. Acesso em: 19 jan. 2016.

SLACK et al. **Gerenciamento de operações e processos**: princípios e práticas de impacto estratégico. 2. ed. Porto Alegre: Bookman, 2013.

SPENDOLINI, M. J. **Benchmarking**. São Paulo: Makron Books, 1992.

THOMPSON, L. L. **O negociador**. 3. ed. São Paulo: Pearson Prentice Hall, 2009.

VELOSO, C. Oração ao tempo. Intérprete: Caetano Veloso. In: VELOSO, C. **Cinema transcendental**. Reino Unido: Decca Records, 1979. Faixa 2.

VIVALDINI, M.; PIRES, S. R. I.; SOUZA, F. B. Importância dos fatores não-tecnológicos na implementação do CPFR. **RAC – Revista de Administração Contemporânea**, Curitiba, v. 14, n. 2, p. 289-309, mar./abr. 2010. Disponível em: <http://www.scielo.br/pdf/rac/v14n2/v14n2a07.pdf>. Acesso em: 11 abr. 2016.

WOMACK, J. P.; JONES, D. T. **A mentalidade enxuta nas empresas**: elimine o desperdício e crie riqueza. Rio de Janeiro: Campus 1998.

WOMACK, J. P.; JONES, D. T.; ROOS, D. **A máquina que mudou o mundo**. Rio de Janeiro: Campus, 1992.

ZACCARELLI, S. B. et al. **Cluster e redes de negócios**: uma nova visão para a gestão de negócios. São Paulo: Atlas, 2008.

Respostas

Capítulo 1

Questões para revisão

1. a, d, e
2. As diferenças são encontradas mais nas abordagens de diferentes autores, pois, na prática, os conceitos são sinônimos quando nos referimos às relações das organizações (elos) nas cadeias de suprimentos, que vão do fornecimento de matérias-primas básicas, peças, componentes e subsistemas ao encaminhamento dos produtos nos canais de distribuição ao cliente (consumidor/usuário) final.
3. Todas as alternativas estão corretas.
4. a, e
5. Cadeias globais de suprimentos decorrem diretamente da globalização das economias e se mostram presentes em quase todos os setores industriais. As dificuldades se referem a maiores distâncias e tempos de transferência de produtos e a diferenças de idioma, de legislação, de práticas aduaneiras e, principalmente, de culturas. Esta última condiciona as negociações e exige cuidado e preparação prévia para elas.

Capítulo 2

Questões para revisão

1. Todas as alternativas estão incorretas.
2. b, d
3. O planejamento de um sistema de transporte é determinado pelo modal utilizado. Por exemplo, o modal rodoviário inclui: tipologia e tamanhos de caminhões; localizações que serão conectadas (instalações de fornecedores e compradores); rotas de coleta e entrega (como a ferramenta *milk run*); engenharia e processamento (estufagem, carga, descarga e desestufagem, que são atividades típicas dos contêineres); e equipamentos de

manuseio (pás carregadeiras, guindastes, empilhadeiras etc.). Esses itens e condições dizem respeito a todos os elos de uma cadeia de suprimentos.
4. a, b, e
5. O nível de serviço deve ser acordado entre compradores e fornecedores. Em geral, é representado pela entrega dos produtos no tempo, na forma (embalagem) e no local acordados. Outro atributo é o meio pelo qual os pedidos são feitos, recebidos, processados e entregues com a utilização de sistemas de comunicação e computação. A diferenciação varia caso a caso, ou seja, clientes diferentes (tamanho, regularidade de compra, lotes de compra, formas de pagamento, participação nas vendas do fornecedor etc.) são tratados de forma diferente. O que é semelhante é a necessidade de atendimento ao que foi acordado e contratado.

Capítulo 3

Questões para revisão
1. b, c, e
2. O desenvolvimento atual e global das atividades produtivas, a concentração das empresas em suas competências essenciais, a busca pela flexibilização da utilização de recursos e a variabilização de custos (ver Capítulo 2) justificam a estratégia de utilização de 3PLs (variabilização de custos é a estratégia de transferir custos fixos – investimentos em instalações, equipamentos e veículos – para o 3PL contratado e, assim, ajustar-se mais facilmente às variações da demanda).
3. Operadores logísticos, em geral, têm origem em prestadores de serviços ligados aos componentes da logística, como empresas transportadoras e armazenadoras. Sua contratação deve ter como base uma clara configuração dos serviços que serão prestados e seguir um processo explícito em que fique determinada sua capacidade de atender aos requisitos da contratação. São critérios de escolha a reputação do 3PL, sua capacidade técnica (visitas à instalação podem ser recomendadas), sua capacidade financeira e, se for o caso, experiências anteriores.
4. b, d
5. c, e

Capítulo 4

Questões para revisão

1. a, d, e
2. Sistemas colaborativos viabilizam o intercâmbio de informações e produtos entre as empresas e seus públicos externos. Esses públicos, também denominados *stakeholders*, influenciam a atuação das empresas e são influenciados por ela, e os modos de troca de informações devem ser acordados, assim como os protocolos e as formas de comunicação. A colaboração pode não ser espontânea, mas tem de ser praticada. Como qualquer forma de comunicação, sistemas colaborativos se baseiam no tripé "emissor – mensagem – receptor".
3. b, d
4. Os sistemas ERP (planejamento de recursos empresariais) surgiram na década de 1990, com base em conceitos do MRP – II, em configuração modular com raízes no conceito MRP (planejamento de recursos de materiais) e na integração a uma base de dados. Eles abrangem todas as áreas da empresa, e sua inter-relação com outras organizações é feita por meio de sistemas compartilhados com fornecedores e clientes, sem intervenção humana (interligados *on-line*). Seu objetivo é a redução de custos nas cadeias de suprimentos, por meio da coordenação de processos de logística e de produção.
5. b, c, e

Capítulo 5

Questões para revisão

1. a, e
2. A negociação nas cadeias de suprimentos e redes negócios deve ser preparada com antecedência, e os representantes das partes necessitam conhecer seus objetivos, pesquisar os das outras partes e o perfil dos participantes, no atendimento de um modelo da negociação. É importante compreender as diferenças culturais entre as partes e conhecer seus procedimentos habituais (cumprimentos, posições na mesa, expressões,

comportamentos, vestuários, formas de se expressar, entre outros). Diferenças culturais não devem ser julgadas, mas conhecidas e gerenciadas.
3. Todas as alternativas estão corretas.
4. Nas cadeias de suprimentos, os processos de homologação, seleção e avaliação de fornecedores são críticos, pois o desempenho de uma cadeia depende do andamento das relações de compra e venda entre seus elos. Primeiramente, deve-se determinar o resultado esperado e, para tanto, participam diversas áreas da empresa, como as de contratação, produção, logística, qualidade, desenvolvimento de produtos e financeira. Em relação ao contratado, deve-se esperar cooperação e planejamento conjunto no pré-contrato. Sua aptidão será avaliada, suas condições de atendimento identificadas e o custo total da compra determinado. O desempenho durante o contrato é mensurado, e as avaliações são compartilhadas com os fornecedores por meio de critérios-padrão previamente acordados.
5. Todas as alternativas estão incorretas.

Sobre o autor

Léo Tadeu Robles é graduado em Ciências Econômicas (1971), mestre (1995) e doutor (2001) em Administração pela Faculdade de Economia e Administração (FEA) da Universidade de São Paulo (USP). Atua como professor pesquisador associado da Universidade Federal do Maranhão (UFMA) e participa como pesquisador do Grupo de Estudos em Logística, Negócios e Engenharia Portuária (Gelnep), vinculado ao Departamento de Ciências Contábeis e Administração da UFMA. Desempenhou as funções de coordenador e professor de cursos de pós-graduação em Comércio Exterior, Logística e Gestão e Engenharia Portuária. Tem experiência na área de administração de empresas, com ênfase em transportes, economia marítima, logística empresarial, logística internacional, gestão econômica de empresas, gestão ambiental e comércio exterior. É autor de livros e materiais de apoio para cursos nas áreas de logística internacional e gestão portuária, membro do International Association of Maritime Economists (Iame) e associado ao Conselho Regional de Economia de São Paulo (Corecon-SP).

Endereço para acesso ao Currículo Lattes: <http://lattes.cnpq.br/8551187107403202>. Acesso em: 29 fev. 2016.

Impressão:
Setembro/2016